Ulrich Kadelbach
Schatten ohne Mann

Ulrich Kadelbach, Jg. 1938, studierte Theologie und Kunst-
geschichte in Tübingen, Hamburg und Heidelberg, 1980
Kontaktstudium an der Universität Thessaloniki. Beistand
für Kriegsdienstverweigerer in zahlreichen Verfahren von
Prüfungsausschüssen und -kammern. Friedenserziehung im
Rahmen kirchlicher Partnerschaftsarbeit im Nahen Osten.
Publikationen zu den Themen Krieg, Erziehung zu Frieden
und Toleranz, orthodoxe und orientalische Kirchen, Naher
Osten und Kreta.

Ulrich Kadelbach

Schatten
ohne Mann

Die deutsche Besetzung Kretas
1941-1945

Bibliografische Information Der Deutschen Bibliothek
Die Deutsche Bibliothek verzeichnet diese Publikation in der
Deutschen Nationalbibliografie; detaillierte bibliografische Daten
sind im Internet über http://dnb.ddb.de abrufbar.

Verlag Dr. Thomas Balistier
Egartstraße 19
72127 Mähringen
www.kreta-buch.de

1. Auflage Mähringen 2002
5. Auflage Mähringen 2016
Satz: PEAK Agentur für Kommunikation GmbH, Tübingen
Herstellung: Druckerei & Verlag Steinmeier GmbH & Co. KG,
Deiningen
Made in Germany

ISBN 978-3-9806168-5-0

Inhalt

Kreta hat sich in seiner langen Geschichte vielen Eroberern unterwerfen müssen. Die Eroberung durch die skrupellosen Nazis aber hinterließ die blutigsten Erinnerungen.

Evtichios Malefakis

Die kretische Bevölkerung hat in ihrem uralten Wissen um den Umgang mit Tod, Schmerz und Trauer die Erschütterungen dieser Vergangenheit als unlösbaren Teil eines Ganzen mit in den Kreislauf ihres alltäglichen Lebens genommen.

Karina Raeck

Wer nicht glaubt, daß der Adler mitsamt seinem Käfig davonfliegen kann, weiß nicht, was Freiheit ist.

Die Gottesretter

Sie bewerfen den Mond mit Steinen, wenn er sich nicht gebührend verhält. Sie stellen sich den Titanen in den Weg und teilen mit den Göttern deren Thron in den Bergen. Sie schlafen auf Reisigbüscheln in Steinhütten, bewachen junge Lämmer und Götter. Sie singen die traurigsten Lieder und tanzen die wildesten Tänze, beherrschen Flinte wie Lyra. Sie dichten und kämpfen für die Freiheit, fürchten sich vor nichts und niemand. Ihre Ahnen, die Kureten kamen als dienstbare Geister der Göttermutter aus Kleinasien, aber auch als dorische Gotteskrieger aus dem Norden. Mit ihren ehernen Waffen erregten sie Furcht und Schrecken, selbst bei dem wütenden Titan Kronos. Sie brachten ihre eigenen Götter mit und vertrieben die der Ureinwohner aus deren Kulthöhlen. Ihnen seien Flügel gewachsen um die Schwerkraft der gigantischen Mächte zu überwinden. Phantasie und Wildheit beflügeln sie auch heute noch. Ihr Tanz ist ein Spottlied auf die Gravitation. Hart und karg ist ihr Alltag. Sobald der Schnee die Berge freigibt, treiben sie ihre Herden hinauf. Ihre runden Schutzhütten bauen sie nach jahrtausendealter Tradition aus Steinen. Ein Rauchabzug und ein niederer Eingang sind die einzigen Öffnungen. Die Tiere im nahen Steinpferch zählen stehend im Schlaf die Ewigkeit. In Kriegszeiten flüchten sich auch die Bewohner der Dörfer herauf in die Berge. Von dort setzen sie den Eroberern zu. Kein Feind hat je die Höhen beherrscht. Nicht die Sarazenen, nicht die Osmanen. Nie wurde der Friede der Herden gestört. Wie eine riesige Arena breitet sich auf 1500 Metern Höhe die Nida-Ebene. Die Elemente inszenieren ewiges Schauspiel. Wetter und Jahreszeiten wechseln die Kulissen. Götter und Berge nehmen zeitlos anteil. Keine Oliven, keine Trauben hier oben. Ganz selten ein vom Wind zerrissenes Liebeslied eines Hirten. Unbestechlich und realistisch sind die Menschen dieser Bergregion, aus Lehm und Träumen geformt. Verwegen ihre Gedanken. Kleinlichkeit ist Todsünde. Wie ihre Ahnen den

Götterknaben Zeus gerettet haben, so glauben sie noch heute, Gott retten zu müssen. Drunten im Dorf Anogia spinnen, weben und sticken die Frauen an den langen Abenden ohne die Männer. Das Leben hat Würde und Anmut im Gleichmaß des Alltags. Die Männer werden diese Freiheit verteidigen. Sie weichen in die Berge hinauf, wenn die Besatzer sie jagen wollen. Sie errichten Steinhaufen über die ganze Hochebene verteilt, damit die Deutschen dort nicht mit ihren Flugzeugen landen können. Sie helfen Verfolgten und führen sie über die Berge an die rettende Südküste.

Am Sonntagmorgen, 15. August 1944 zur Gottesdienstzeit, fallen die Besatzer mit Feuer und Dynamit über das Dorf her. Alle auffindbaren männlichen Dorfbewohner im wehrfähigen Alter, aber auch Alte, Kranke, Frauen und Kinder werden in einem entsetzlichen Massaker ermordet. Der Befehl des Festungskommandanten von Kreta, General Müller, vom 13. August lautet:

„Da die Stadt Anogia ein Zentrum der englischen Spionagetätigkeit auf Kreta ist, da die Einwohner Anogias den Sabotageakt von Damasta ausgeführt haben, da die Partisanen verschiedener Widerstandsgruppen in Anogia Schutz und Unterschlupf finden und da die Entführer General Kreipes ihren Weg über Anogia genommen haben, wobei sie Anogia als Stützpunkt bei der Verbringung nutzten, befehlen wir, den Ort dem Erdboden gleichzumachen und jeden männlichen Einwohner Anogias hinzurichten, der innerhalb des Dorfes oder in seinem Umkreis in einer Entfernung bis zu einem Kilometer angetroffen wird.“

Nur das Lied einer Frau aus Anogia versucht die Entwürdigung zu heilen:

Hört auf zu singen, ihr Vögel
Hört auf zu blühen, ihr Blumen
Die Berge tragen das schwarze Trauerkleid.

Verrat

Nachdem die deutsche Wehrmacht in Griechenland einmarschiert ist, erklärt Adolf Hitler am 4. Mai 1941 vor dem Reichstag: „Dem besiegten, unglücklichen griechischen Volk gegenüber erfüllt uns aufrichtiges Mitleid. Es ist das Opfer seines Königs und einer kleinen verblendeten Führungsschicht. Es hat jedoch so tapfer gekämpft, daß ihm auch die Achtung seiner Feinde nicht versagt werden kann." Wie allgemein bekannt, entlarvte sich Hitlers „Mitleid" bald darauf als äußerst hinterhältig. Schon zehn Tage zuvor hatte er mit der „Weisung Nr. 28", den Befehl zum „Unternehmen Merkur", dem Fallschirmjägerangriff auf Kreta, gegeben. Am 20. Mai stürzten sie sich auf die Insel und entzündeten einen Scheiterhaufen. Auf ihm wurden die Ideale der Humanität und des Humanismus verbrannt. Das deutsche Bildungsbürgertum, seit Jahrhunderten dem Erbe der griechischen Klassik verpflichtet, war im Offizierskorps stark vertreten. Christian Ilsemann beschreibt seine Empfindungen als deutscher Besatzungsoffizier in Griechenland:

„‚Das Land der Griechen mit der Seele suchen' (...) das ist Goethe. So spricht Goethe aus, was er fühlend denkt, das Grundgesetz des Abendlandes, unser Verlangen (...) Ich empfand in unserem Standort Athen nahezu ohne Unterlaß die Unruhe des Verlangens, Griechenland zu erkennen, in seine Wirklichkeit einzugehen. Dieses Vollzugs sollte ich teilhaftig werden. Solch Geschenk gewährte kein anderer als der Kriegsgott Mars. Der Krieg nimmt, der Krieg gibt (...) Die Antike begegnet mir, so wie wir sie uns denken, in ihrer edlen Einfalt und stillen Größe."

Nicht nur die manirierte Sprache, auch das affektierte Pathos entlarvt den vermeintlich gebildeten Repräsentanten einer Besatzungsarmee. Seine Huldigung an den Kriegsgott verrät den Mangel an wahrlich klassischer Bildung. Unter den Befehlen des Oberkommandos der Wehrmacht werden humane wie humanistische Ideale verhöhnt und Menschen zu Freiwild erklärt. So notiert Günther Müller 1944:

„Nein, dieses Volk hat mit Hellenentum nichts mehr zu tun. Alles, was vor zweieinhalb Jahrtausenden nordisch war, ist tot; Hellas ist nicht mehr. Die Völkerstürme sind über das Land hinweggebraust und haben das nordische Wesen ausgelaugt. Händlerische Gewinnsucht und orientalische Lebensgesetze beherrschen diese südländische Menschenrasse. Nie wieder werden erhabene Philosophie, Schönheit mit Geiste gepaart und heldisches Kämpfertum auf jener, damals so kulturträchtigen Erde erstehen. Hellas und Neugriechenland – welche Gegensätze!"

Ich weiß nicht, ob mir mehr die Scham oder der Zorn die Röte ins Gesicht treibt. Der Rassenwahn entstellt wahrlich seine Verfechter unendlich mehr als die, die der „Herrenrasse" nach- und untergeordnet werden sollen. Aber diese Infektion scheint vor keinem halt zu machen. Selbst Erhart Kästner, der mit den deutschen Soldaten als Kriegsberichterstatter auf Kreta war, fabuliert über die Kreter:

„Viehdiebe, Freiheitskämpfer, Verschworene einer wie alle: Mädchenraub und Blutrache sind alt und gewohnt. Hier reichte die Justiz nicht hin, und keiner nimmt sie in Anspruch; sein Recht besorgt sich hier jeder allein und noch etwas dazu. List, Mut und verschlagene Kühnheit, Natursinn und Härte, ein Auge, dessen Schärfe sich manch einer kaum träumen läßt, Fanatismus und Grausamkeit, das sind ihre Waffen (...). Was aber vom übrigen irgendwo in der Welt verboten ist, das kümmert hier keinen. Keines Ansehen und Ehre ist hier geschmälert, wenn er stiehlt, raubt und tötet."

Die „deutschen Helden" mythologisiert sich Kästner im Gegensatz dazu so:

„Ihre Körper waren von der griechischen Sonne kupferbraun gebrannt, ihre Haare weißblond. Da waren sie, die ‚blonden Achaier' Homers, die Helden der Ilias. Wie jene stammten sie aus dem Norden, wie jene waren sie groß, hell, jung, ein Geschlecht, strahlend in der Pracht seiner Glieder. Alle waren sie da, der junge Antenor, der massige Ajax, der geschmeidige Diomedes, selbst der strahlende, blondlockige Achill. Wie anders denn sollten jene ausgese-

12

hen haben als diese hier, die gelassen ihr Heldentum trugen und ruhig und kameradschaftlich, als wäre es weiter nichts gewesen, von den Kämpfen auf Kreta erzählten, die wohl viel heldenhafter, viel kühner und viel bitterer waren als die Kämpfe um Troja."

Die Orientierung an der griechischen Klassik war in Deutschland, insbesondere bei den Dichtern, Philosophen und Politikern des 18. und 19. Jahrhunderts geistiges Allgemeingut. Die Schwärmerei kannte keine Grenzen. Alles Griechische wurde verherrlicht, so etwa Friedrich Schlegel, wenn er schreibt:

„Die Geschichte der griechischen Dichtkunst ist eine allgemeine Naturgeschichte der Dichtkunst; eine vollkommene und gesetzgebende Anschauung. In Griechenland wuchs die Schönheit ohne künstliche Pflege und gleichsam wild. Unter diesem glücklichen Himmel war die darstellende Kunst nicht erlernte Fertigkeit, sondern ursprüngliche Natur (...). Sie ist gleich weit entfernt von Orientalischem Schwulst und von Nordischem Trübsinn."

Durch den Nationalsozialismus wurde fast ein ganzes Volk mit dem Virus Schizophrenie infiziert. Der Kretakämpfer Günther Müller:

„Wie armselig ist doch dieses Krämervolk da unten. Sie äffen englische und französische Zivilisation nach, weil sie selbst unfähig sind, schöpferisch zu leben. Erst deutsche Forscher mußten kommen, um die große Kultur der alten Griechen der Nachwelt zu erschließen (...). Angewidert von dem Geschrei der Händler und Schuhputzer verlassen wir schnell Athen."

Es hat fast den Anschein, als wollte der Mob sich am Klassenprimus rächen. Während Johann Joachim Winckelmann über die Griechen schreibt „Der einzige Weg für uns, groß, wenn es möglich ist, unnachahmlich zu werden, ist die Nachahmung der Alten.", heißt es in dem mit „Geheime Kommandosache" überschriebenen Befehl des Kommandanten der Festung Kreta, Generalleutnant Bräuer vom 3. November 1942:

„Personen, die mit der Waffe in der Hand angetroffen werden oder im Verdacht stehen, an
Kampfhandlungen teilgenommen zu haben, müssen
erschossen werden (...). Die Truppe ist bewußt
immer wieder zu Härte und Rücksichtslosigkeit
zu erziehen. Es wird dadurch nur deutsches
Soldatenblut gespart."

König Ludwig I. von Bayern bekannte noch: „Lieber hel-
lenischer Bürger als Erbe des Throns.", Generaloberst Löhr,
Oberbefehlshaber Südost, befahl am 10. August 1943:

„Überfälle auf deutsche Soldaten, Beschädigung
deutschen Eigentums müssen in jedem Falle mit
Erschießung oder Erhängen von Geiseln, Zerstören der umliegenden Ortschaften usw. beantwortet werden."

Friedrich Hölderlins Worte aus dem Hyperion „Ich habe
meinen türkischen Kopfbund in den Eurotas geworfen und
trage seitdem den griechischen Helm", hat Günther Müller
auf seine Weise beantwortet: „In unseren Herzen ist mäch-
tiger Stolz. Was haben wir doch für eine gewaltige Luftwaffe! Und Kerls sitzen in den Maschinen, solche gibt es eben
nur in Deutschland."

Daß nach dem Krieg junge Kreter, die das Wüten der
Deutschen auf ihrer Insel in vollem Ausmaß erlebt hatten,
sich ausgerechnet Deutschland zum Universitätsstudium
aussuchten, ist vielleicht die einzig mögliche Art und Weise
einer Versöhnung. Deutsche hatten selbst die Würde, die
eine solche Geste voraussetzt, verspielt.

„Die Lüge ist nur gealterte Wahrheit." Diese sehr beden-
kenswerte Erkenntnis des griechischen Schriftstellers Kon-
stantin Kavafis gewinnt vor dem Hintergrund des Kriegsge-
schehens auf Kreta und angesichts der kläglichen Versuche,
das Geschehene vor Gerichten aufarbeiten zu wollen, eine
hohe Aktualität.

Veteran

Ich gehe über den deutschen Soldatenfriedhof oberhalb des Flugplatzes von Maleme. Ein Mann Mitte fünfzig geht von Grab zu Grab. Er scheint alle Grabinschriften zu lesen. Zwischendurch geht er zu seiner am Seitenweg stehenden Tasche zurück und trinkt aus einer Flasche. Es ist sehr heiß. Er hat sich viel vorgenommen, denn es liegen hier über viertausend deutsche Soldaten. Immer wieder macht er sich Notizen. Ich habe mich auf eine Mauer gesetzt und mache mir Gedanken über den Mann. War er etwa auch als deutscher Soldat auf Kreta? Ich will ihn ansprechen. Er weicht mir aus. Nach einiger Zeit meine ich aus der Ferne gesehen zu haben, wie er sich die Augen wischt. Schließlich entschließe ich mich, zu ihm zu gehen und ihn zu fragen: Haben Sie das Grab eines Verwandten gefunden, oder waren Sie etwa selbst 1941 auf Kreta im Einsatz? Sie verstehen doch gar nichts, ist seine barsche Antwort. Dann geht er zu seiner Mappe, die inzwischen schon viele Grabreihen weiter oben steht und macht sich davon.

Am selben Abend sammle ich meine Eindrücke und Gedanken vom Nachmittag auf dem Soldatenfriedhof. Ich nehme an, daß der Fremde zu Hause auch so wortkarg ist wie mir gegenüber. Ich stelle mir vor, wie er versucht, seine schmerzlichen Erinnerungen und Empfindungen schriftlich festzuhalten und versuche, mich in ihn hineinzuversetzen. Dann beginne ich zu schreiben:

Beim Lesen der vielen Namen meiner beim Angriff auf Kreta gefallenen Kameraden wundere ich mich, daß ich nicht zuerst einmal dafür dankbar sein kann, noch am Leben zu sein. Der Absprung war wenige Tage vor meinem 20. Geburtstag. Die meisten waren so alt wie ich. Auf den Grabsteinen steht fast überall dasselbe Todesdatum, 20. oder 21. Mai 1941. Und fast alle sind sie um 1920 geboren. Ich weiß nicht, ob es Trauer- oder Freudentränen waren, als ich das Grab meines Freundes Gerhard entdeckte. Sein außergewöhnlicher Nachname ließ keinen Zweifel. Auch das Geburtsdatum stimmte. Er war mit mir aus der Maschine gesprungen. Aber er wurde mit vielen anderen aufs Meer hinausgetrieben. Noch in der Nacht haben wir versucht, die Kameraden zu bergen. Es ist uns in keinem Fall gelungen. Sie sind wohl alle ertrunken. Die Fallschirme hatten sich wie Segel gebläht und sie ins Verderben geschleift. Vielleicht hatte der Wind oder die Strömung sie später woanders angelandet. Wie es kam, daß Gerhard doch noch sein Grab fand, weiß ich nicht. Vielleicht haben ihn Fischer geborgen. Und die Mönche vom Kloster Ghonia haben ihn zusammen mit vielen anderen gefallenen deutschen Soldaten in ihrem Kloster aufgebahrt. Die Gebeine sind dann auf dem zentralen Friedhof oberhalb von Maleme beigesetzt worden. In alle Ewigkeit soll das den Mönchen nicht vergessen werden. Sie haben den Gefallenen ihre Würde wenigstens im Tod wiedergegeben. Dabei darf nicht unerwähnt bleiben, daß die Deutschen es den orthodoxen Geistlichen bei Strafe verboten hatten, von den Deutschen hingerichtete Freischärler oder Zivilisten zu bestatten. Den Bischof haben sie gezwungen, dies seinen Geistlichen zu befehlen.

Viele meiner Kameraden trugen, wie auch ich, Abschiedsbriefe ihrer Eltern bei sich. Und da stand drin, man solle tapfer sein beim Absprung für den Führer. Und ich muß heute gestehen, daß ich das damals, wie sie alle, für gut hielt. Wir hatten uns alle keine Gedanken gemacht, warum der uns nach Kreta ver-‚führte‘. Aber wie es dann an jenem 20. Mai 1941 gekommen ist, das war alles andere als eine geniale Großtat der Militärgeschichte. Es war ein Dilettantismus größten Ausmaßes. Die Engländer hielten die Insel besetzt. Sie waren über Enigma von unserem Luftlandeunternehmen bis ins Detail informiert. Sie wußten nicht nur das Datum, sondern sogar die Uhrzeit. Sie hatten ihre Truppen und Scharfschützen in genau den richtigen Positionen versteckt. Sie wußten im Vorraus, an welchen vier

Orten der Absprung stattfinden würde. Daß so viele deutsche Fallschirmjäger dabei den Tod fanden, lag auch noch an anderen Fehlern der deutschen Wehrmachtsleitung. Schon längst gab es für die Fallschirme Spezialschlösser, die sich nach der Landung mit einem Griff sofort öffneten und dem Soldaten die jetzt unbedingt erforderliche Bewegungsfreiheit ermöglichten. Unsere Schlösser dagegen waren so veraltet, daß man fast eineinhalb Minuten brauchte, um sie zu öffnen. Oft die entscheidende Zeit, sich vor den feindlichen Schützen in Sicherheit zu bringen, oder sich von dem verräterischen Fallschirm zu befreien. Zudem waren wir falsch bewaffnet. Die Maschinengewehre, die gerade in dieser gefährlichen Phase zur Niederhaltung des angreifenden Gegners unentbehrlich waren, wurden in Extrabehältern an gesonderten Fallschirmen abgeworfen. An die mußte man erst einmal herankommen. Oft genug sind sie den Feinden vor die Füße gefallen. Zu all dem kamen noch gravierende Fehler der Luftwaffe. Zu Hunderten gingen die Lastensegler zu Bruch. Ebenso die Ju 52-Transportflugzeuge während des katastrophal geplanten und durchgeführten Landeunternehmens auf dem unter ständigem Artilleriefeuer stehenden, viel zu kleinen Flughafen von Maleme.

Nach dem Abschluß dieses „Merkur" genannten Unternehmens kam dann ein weiteres, sehr bitteres Kapitel der Eroberung Kretas. Die Befehle der deutschen Militärleitung forderten ein rigoroses und „unbarmherziges" Vorgehen gegen die kretische Bevölkerung. Immer und überall wurde das mit dem Hinweis auf entsetzliche Greueltaten der kretischen Zivilbevölkerung an wehrlosen und verwundeten, oder bereits toten deutschen Fallschirmjägern begründet. Ich selbst habe keinen dieser Fälle gesehen, und ich kenne auch keinen einzigen Kameraden, der davon Augenzeuge war. Aber selbst, wenn ich davon ausgehen muß, daß solche Brutalitäten in jedem Krieg und von allen Seiten begangen werden und also wohl auch auf Kreta geschahen, können sie niemals als Vorwand für solch exzessive und unverhältnismäßige Rache mißbraucht werden. Letztlich

haben nicht Engländer und Kreter meine auf diesem Soldatenfriedhof ruhenden Freunde und Kameraden getötet,
sondern der Größenwahn der Nationalsozialisten.

„Unternehmen Merkur"

schattenlos
wie himmelsknospen
schwerelos
wie feuerquallen
schweben
die fallschirme
gleißend und lautlos
aus himmelblau
ruchlos
fällt die heimtücke
in den rücken
verfällt ahnungslos
dem hinterhalt
Poseidon und Thanatos
raffen ihren tribut
Mars birgt den rest
zu gnadenlosem
befehl

Krückentanz

Wenn der Pfarrer tanzt, kann ich auch wieder tanzen. Mit diesen Worten gab er sich den Befehl, aufzustehen. Beherzt, wie ein Krieger nach den Waffen, griff er nach seinen Krükken. Als wolle er ein Pferd besteigen, so kraftvoll schwang er sich zu den Tanzenden auf dem Dorfplatz vor. Der junge Pfarrer, der erst seit wenigen Monaten im Dorf war, führte gerade zur großen Überraschung der Feiernden den Tanz an. Der anhaltende Beifall beflügelte ihn zu exzessiven Sprüngen. Daß aber Iannis mit seinen Krücken sich in den Tanzreigen reihte, war jetzt das weitaus größere Ereignis. Eine der beiden Krücken warf er sofort weg. Der Priester faßte seine Hand und ließ ihm den Vortritt. Jahrzehnte hatte er nicht mehr zu tanzen gewagt. Wie eine Trophäe reckte er die Krücke in die Höhe. Immer verwegener wurden seine einbeinigen Kapriolen. Die Beifallsrufe aber wurden zaghafter. Der Atem der Zuschauer begann zu stocken. Iannis hätte noch lange so weitermachen wollen. Aber sein Freund warf ihm die zweite Krücke zu. Strahlend verließ er den Tanzplatz und rief in die Menge: Heute endlich habe ich die Deutschen besiegt!

Es schien, daß alle außer mir wußten, was hier gerade vor sich ging, denn der Jubel durchbrach alle Grenzen und riß sogar die Musiker mit sich, indem sie den Rhythmus der Ovationen skandierten. Ich fragte meinen griechischen Gastgeber, was er damit meine, heute die Deutschen besiegt zu haben. Er zog mich hoch und sagte: Das soll er dir selber sagen! Ich war offensichtlich der einzige Deutsche bei diesem Dorffest. Alle schauten zu uns her, als ich zum Tisch von Iannis komplimentiert wurde. Der empfing mich mit den Worten: Das nächste Mal tanzen wir beide! Noch bevor ich an seinem Tisch Platz genommen hatte, wurde uns schon eine neue Karaffe mit Schnaps hingestellt. Es kam zu keiner – oft so peinlichen – Versöhnungsorgie. Iannis rief noch einige seiner Freunde an den Tisch und glänzte vor ihnen und vor mir mit seinem noch ganz ansehnlichen deutschen Wortschatz. Vom Krieg und der deutschen Besatzung auf Kreta aber wurde den ganzen Abend nicht gesprochen. Als ich ihn fragte, wie er sein Bein verloren habe, sagte er: Heute habe ich meine Wehleidigkeit und meine Trauer besiegt. Andere kann man nur besiegen, wenn man sich selbst besiegt hat.

Exekution

Sternes auf Akrotiri, Mitte Juni 2000

Im Vorbeifahren lese ich ein Schild mit der Aufschrift „Straße der Hinrichtung der Zehn". Wir halten an und gehen zurück. Jetzt erst entdecken wir die Gedenkstätte. In ein aus Stein gehauenes Buch sind die Worte gemeißelt: „Hier wurden am 5. Juni 1941 zehn Männer von den Deutschen hingerichtet." Ein älterer Grieche fährt langsam vorbei und schaut interessiert zu uns herüber. Irgendwie fühle ich mich ertappt. Er sieht ja am Nummernschild unseres Autos, daß wir Deutsche sind. Nein, eigentlich will ich das nicht verbergen. Oder vielleicht doch? Nein, sicher nicht. Aber ich möchte dem Griechen so gerne nachrufen, daß uns das unendlich leid tut, was geschehen ist. Noch lieber möchte ich mit ihm ins Gespräch kommen und ihn fragen, ob er uns etwas über die Hinrichtung Anfang Juni 1941 erzählen kann, oder ob er vielleicht selbst damals dabei war, oder jemand von seiner Familie. Wenn ich jetzt nur ein paar Blumen hätte, um sie unter das Kreuz am Denkmal zu legen. Dann ertappe ich mich bei dem Gedanken, ob ich das vielleicht nur tun wollte, um zu zeigen, daß ich nicht zu jenen Deutschen gehöre, die solche Verbrechen zu verantworten haben. Blumen als Alibi? Alle folgenden Autos fahren schnell vorbei. Es sind nicht viele. Es ist Mittagsruhe. Wer kann, meidet jetzt die Sonne. Im Dorf ist keine einzige Seele zu sehen. Wie froh bin ich, daß ich dann doch noch einen entdecke, der gerade trotz der heiligen Siesta seinen Zaun repariert. Ich frage ihn nach dem Hintergrund des Denkmals draußen vor dem Dorf. Erst als er von mir weiß, wieviel Kinder und Enkel ich habe, macht er sich daran, auf meine Frage einzugehen. Ja, auf dem Friedhof drüben, gleich beim Eingang, da würden sie liegen. Aber was willst du da, fragt er mich. Wie alt ich sei. Dann warst du damals erst drei, meint er. Wieder fühle ich mich ertappt. Wollte ich vielleicht vor ihm deutlich machen, daß ich ein guter Deutscher bin und nicht, wie die meisten Touristen, ahnungslos, unbekümmert und desinteressiert. Und natürlich zu jung, um für das damals Geschehene mit verantwortlich zu sein.

Außer einer jüngeren Frau treffen wir niemand auf dem Friedhof an. Die Blumen in den Vasen auf dem etwas pompösen Gemeinschaftsgrabmal sind fast alle verwelkt. Am Jahrestag der Hinrichtung muß sie jemand hierher gebracht haben. Immer wieder schaue ich zu der Frau hinüber. Sie ist sehr mit der Grabpflege beschäftigt und zeigt keinerlei Interesse, mit uns ins Gespäch zu kommen. Wie gerne würde ich sie auf das schreckliche Geschehen von damals ansprechen. Die schwarze Kleidung verrät ihren Witwenstand. Wieviel größer als vergangenes Leid wird ihre Trauer jetzt sein. Als wir uns beim Friedhofsausgang nochmals umdrehen, winkt sie uns kurz und etwas zaghaft zu.

Auf der Rückfahrt lesen wir noch einmal das Schild „Straße der Hinrichtung der Zehn". Ich erinnere mich, daß in einer Kaserne in Deutschland eine Straße nach einem General benannt ist, der oberster Befehlshaber der deutschen Besatzungstruppen auf Kreta war.

Ludwigsburg, Herbst 2000

Ich sitze im Bundesarchiv – Außenstelle Ludwigsburg, in dem die gesamten Verfahrensakten der Zentralen Stelle der Landesjustizverwaltungen liegen.

Nach langem Suchen finde ich Unterlagen über das Geschehen in dem kretischen Dorf Sternes. Das in der Akte V 508 AR 1452/67 dokumentierte Ermittlungsverfahren befaßt sich ausschließlich mit der Erschießung der zehn Geiseln in Sternes und dem dafür Angeschuldigten, Major a. D. Ulrich M. Die Akte ist sehr umfangreich. In dem sich über mehrere Jahre hinziehenden Ermittlungsverfahren wurden 44 Zeugen angehört, darunter viele Offiziere höheren Ranges. Viele schriftliche Auskünfte wurden eingeholt, unter anderem vom Bund deutscher Fallschirmjäger, vom Institut für Zeitgeschichte, vom Staatsarchiv Nürnberg, vom Bundesarchiv Koblenz, von Polizeirevieren und -posten, von der Zentralstelle für die Benachrichtigung der Angehörigen von Gefallenen und von der Studiengruppe Luftwaffe der Bundeswehr.

Die Akte im Ermittlungsverfahren in Bochum gegen Major a. D. Ulrich M. wegen vorsätzlicher Tötung beginnt mit dem Vermerk:

„Am Morgen des 31. 5. 1941 ließ der Beschuldigte seine Kompanie gegen 4.30 Uhr alarmieren und gab sodann den Befehl, das Dorf *Sternes* (auf der Halbinsel Akrotiri) systematisch zu durchkämmen, alle Gebäude nach Waffen zu durchsuchen und die gesamte männliche Bevölkerung des Dorfes auf den Marktplatz zu konzentrieren. Nach Beendigung der Aktion waren (...) auf dem Marktplatz des Dorfes etwa 150 Männer, begleitet von etwa doppelt soviel Frauen und Kindern, zusammengetrieben worden (...). Der Beschuldigte bestimmte dann persönlich nach einem eigens vorgenommenen Abzählverfahren die für die Erschießung vorgesehenen Männer. Es soll sich dabei um 14 oder 17 Personen gehandelt haben. Nach der Bestimmung dieser Opfer teilte der Beschuldigte ein Exekutionskommando in Stärke von 12 bis 15 Mann aus seiner Kompanie ein. Die zur Exekution bestimmten Männer wurden durch dieses Kommando vor das Dorf geführt. Dort wurde die Exekution durch Erschießen vollzogen. Der Feuerbefehl wurde von dem Beschuldigten selbst gegeben. Die übrige Bevölkerung des Dorfes war gezwungen worden, der Exekution beizuwohnen. Der Beschuldigte ging sodann die Reihe der zusammengebrochenen Männer ab, um festzustellen, ob der Tod eingetreten war. In einigen Fällen gab der Beschuldigte den Sterbenden mit seiner Dienstpistole den Fangschuß. Der Bataillonsarzt, ein Stabsarzt Dr. B., soll versucht haben, den Beschuldigten von seinem Vorhaben abzubringen. Noch auf dem Exekutionsplatz soll es zu einer scharfen persönlichen Auseinandersetzung zwischen dem Beschuldigten und Dr. B., der die Erschießung verhindern wollte, gekommen sein.

Seinem damaligen Kompanieoffizier, jetzt Hauptmann a. D. G., gegenüber begründete der Beschuldigte die angeordnete Maßnahme damit, daß in der vergangenen Nacht von der Bevölkerung des Dorfes Sabotageakte verübt worden seien. An einigen erbeuteten Motorrädern seien die Reifen durchschnitten, in einem Fall sei der Brennstoff aus dem Tank abgelassen, an einem anderen Kfz seien die Glasscheiben der Scheinwerfer zerschlagen worden. Der Regimentskommandeur sei von seinen Maßnahmen unterrichtet worden und habe sie voll gebilligt."

Der Beschuldigte gab bei seiner Vernehmung am 8. Dezember 1958 in Bonn zu Protokoll:

„Da ich selbst nicht über genügend medizinische Erkenntnisse verfügte, um den Tod der Männer mit Sicherheit feststellen zu können, erhielt jeder, obwohl ich persönlich keinen Zweifel hatte, daß sie tot waren, noch zur Sicherheit einen Kopfschuß. Ich weiß heute nicht mehr genau, ob ich die Kopfschüsse allein abgegeben habe, oder ob ich einem Angehörigen der Kompanie den Befehl gegeben hatte, sich daran zu beteiligen. Ich möchte nochmals betonen, daß ich auch aus der heutigen Sicht heraus nicht das Gefühl habe, damals etwas Unrechtes getan zu haben (...). Ich habe damals alles getan, um die Exekution korrekt und möglichst menschlich durchzuführen."

Zu seiner Person erklärt er:

„1931 machte ich mein Abitur in G. Ich wurde dann Journalist. Neben meiner Pressetätigkeit studierte ich Volkswirtschaft, Philosophie und Germanistik an den Universitäten Wien und Breslau. Meine Eltern hatten mich bereits in frühester Jugend für die Offizierslaufbahn vorgesehen. Am 1.9.1939 wurde ich Oberleutnant. In Norwegen wurde ich Führer eines Sonderkommandos. Bei diesem Unternehmen hatte ich wieder Interesse für den infanteristischen Einsatz gewonnen, der mich bereits während meiner Übungen in der Schwarzen Reichswehr angezogen hatte. Als ich mit meiner Einheit in Starvanger ankam, lag dort bereits ein Funkspruch aus Oslo vor, in dem ich aufgefordert wurde, sofort nach Oslo zurückzukehren und dort die Flakverteidigung des Flugplatzes Fornebu zu übernehmen. Dieser Auftrag sagte mir gar nicht zu. Ich befürchtete, nicht mehr zum eigentlichen Kampfeinsatz zu kommen. Auf Kreta war ich mit meiner Einheit vom 20. Mai bis zum 7./10. Juni 1941. Nach der Rückkehr nach Deutschland erhielt die gesamte in Kreta zum Einsatz gekommene Fallschirmtruppe einen 4wöchigen Sonderurlaub. Mitte November 1942 bat ich General Student, mir ein Frontkommando zu übertragen, weil mir die Tätigkeit als Taktiklehrer als ein Druckposten erschien, der mir im Kriege nicht zusagte."

Das gesamte Verfahren wurde mit Akribie und peinlichster Genauigkeit durchgeführt. Und doch sind dabei nicht wenige Ungenauigkeiten zu beobachten. Da ist zum einen das Datum der Hinrichtung. Gleich zu Beginn wird in einem Aktenvermerk der 31. Mai 1941 genannt. Darüber ist handschriftlich eingetragen: „Oder an einem der nächsten Tage". In einem Brief vom 25. November 1958 schreibt der Grieche Dr. Papantonakis, die Erschießung habe nicht am 31. Mai, sondern am 5. Juni 1941 stattgefunden. Wer hat ihn aufgefordert, das zu schreiben? Was bezweckt er damit? Dr. Eduard B., der als Stabs- und Bataillonsarzt bei der Erschießung anwesend war, wurde gefragt: „Können Sie bestätigen, daß die Exekution am 5. Juni 1941 erfolgte?" Er antwortet: „Ob am 5. Juni 41 weiß ich nicht genau." Der Zeuge Gerhard G., dessen Kompaniechef Major Ulrich M.

war, sagt vor dem Landgericht Augsburg aus: „Ich glaube aber, mich erinnern zu können, daß unsere Kompanie am 5. Juni 1941 die Insel auf dem Luftwege verlassen hat." Dagegen spricht die Datumsangabe des Oberstaatsanwalts in einem Schreiben an den Untersuchungsrichter beim Landgericht Bonn: „Ende Mai 1941". Andererseits wird in dem Verfahren oft von dem berühmt-berüchtigten Befehl General Students vom 31. Mai 1941 gesprochen, den er im Auftrag Görings an die Truppen weitergab. Obwohl sich der Angeschuldigte nicht auf diesen Befehl beruft, hat es den Anschein, als würde ihm dies als „Brücke" zur eigenen Entlastung angeboten.

Generaloberst a. D. Kurt Student erklärt am 10. April 1958 vor dem Staatsanwalt in Münster, daß er am 25. Mai 41 den Befehl von Göring bezüglich der „unmenschlichen Grausamkeiten" der Kreter gegenüber den deutschen Truppen bekam: „Sorgen Sie dafür, daß diesen Bestien das Handwerk gelegt wird." Dazu Student: „Noch während der Kampfhandlungen erreichte mich fernschriftlich ein zweiter Befehl Görings, der mir in längeren Ausführungen den Vorwurf machte, daß ich meine Truppe nicht genügend vor den heimtückischen Angriffen der kretischen Zivilisten geschützt hätte. Wörtlich hieß es darin zum Schluß: ‚Denken Sie endlich daran, was Sie Ihren Fallschirmjägern schuldig sind.'"

Am 31. Mai 1941 gab General Student den Befehl Görings aus dem Gedächtnis zitiert wie folgt weiter: „Der Feldmarschall hat gegen die andauernden kretischen Völkerrechtsverletzungen die sofortige Durchführung von Repressalien befohlen. Es kommt nun entscheidend darauf an, hierbei möglichst viele Banditen unschädlich zu machen. Hierzu sind in den Haupt-Partisanen-Gebieten Strafaktionen durchzuführen, und zwar gegen diejenigen Dörfer, in denen nachweisbare Greueltaten vorgekommen sind. Diese Dörfer sind schlagartig zu umstellen und zu durchsuchen. Wenn diese Voraussetzungen gegeben sind, sind die männlichen Personen zwischen 21 und 60 Jahren zu erschießen. Die Ortschaften sind anzuzünden."

Student dazu: „Dieser Befehl enthielt nichts, was im Widerspruch zu den Gesetzen und Gebräuchen der Kriegsführung stand. Göring hat mir sein Mißfallen darüber ausgesprochen, daß ich trotz seiner eindeutigen Befehle nicht schärfer durchgegriffen hätte (...)."

Schon in der einleitenden Zusammenfassung des Tathergangs spricht der Untersuchungsrichter von Sabotageakten der Dorfbevölkerung, die den Angeschuldigten zu der Erschießungsaktion veranlaßt hätten. Auch der Zeuge Erich H. bestätigt dies: „Herr M. erklärte (...) die Nichtausführung seiner gegebenen Befehle, u. a. Ablieferung der Waffen, Ablieferung von Hühnern zur pünktlichen Stunde, sowie die Feststellung, daß Sabotageakte durch die Verunreinigung von Benzin durch Zucker in Brennstoffbehältern vorgekommen seien, zwinge ihn dazu, einen Teil der Männer zu erschießen (...)."

Der Zeuge Peter W. schreibt am 20. Januar 1960 an das Landgericht Bonn, daß sein griechischer Freund Manoussos M. bestätigen könne, daß auch nicht der geringste Sabotageakt seitens der Einwohner von Sternes vorgekommen war, und daß der Geiselverhaftung und der Erschießung kein Standgerichtsverfahren vorausging.

Sehr interessant sind die beiden Aussagen der Zeugen Hubert Sch. und Dr. Herbert R. vor dem Untersuchungsrichter in Bonn. Sie weisen sprachlich und inhaltlich so viele Parallelen auf, daß sich der Verdacht nahelegt, sie haben sich bis ins Detail abgesprochen, um dem Angeschuldigten eine unanfechtbare Rechtfertigung für seine Erschießungsaktion zu bieten. Beide beschreiben den Tathergang teilweise sogar mit den gleichen Wörtern. Sie sprechen als einzige von „Totenschau", was von anderen Zeugen als „Leichenschau" bezeichnet wird. Sie sprechen beide von „Kopfschüssen", wo andere Wörter wie „Gnadenschuß" oder „Fangschuß" gebrauchen. Beide reden von „zusammengeschossenen Männern" und davon, daß der Angeschuldigte den Stabsarzt „scharf" ansprach.

Noch deutlicher scheint sich die Absprache zwischen den

zwei Zeugen darin abzuzeichnen, daß beide innerhalb von wenigen Tagen (19. und 26. Februar 1960) zum erstenmal im Verfahren von der verstümmelten Leiche des Oberfeldwebels v. Gyldenfeldt sprechen. Nur diese beiden erwähnen auch die aufgefundene Kamera von Gyldenfeldts.

Dr. Herbert R. erklärt am 26. Februar 60: „Unter den aufgefundenen Sachen befanden sich auch das Soldbuch und die Kamera von Gyldenfeldts. Es hat sich auch eindeutig um die Kamera von Gyldenfeldts gehandelt. Mir war bekannt, daß mein Freund Schürmann an von Gyldenfeldt diese Kamera verkauft hatte."

Erst nach den Aussagen dieser beiden Zeugen geht der Angeschuldigte sehr ausführlich auf diesen Vorgang ein: „Ich kann mich aber wohl daran erinnern, daß mir jemand damals die Meldung gemacht hat, er habe von Gyldenfeldt und einen oder zwei weitere Kompanieangehörige verstümmelt aufgefunden. Ich weiß noch genau, daß der Auffindungsort sich in der Nähe eines Klosters befand und genau nördlich von *Sternes* lag. Die Entfernung zwischen Sternes und diesem Auffindungsort entsprach etwa der von Bonn nach Godesberg, betrug also etliche Kilometer. Insbesondere kann ich mich auch nicht daran erinnern, daß bei der Durchsuchung des Dorfes auch das Soldbuch und die Kamera von Gyldenfeldts aufgefunden worden sind. Es ist mir klar, daß dieser Punkt für mich besonders wichtig ist. Aber meine Erinnerung versagt in diesem Punkt völlig. Offensichtlich beruht das auf meiner erlittenen Hirnverletzung. Ich bin der festen Überzeugung, daß das Auffinden der beiden Gegenstände, die von Gyldenfeldt gehört hatten, in Verbindung mit dem Auffinden der Waffen und der sonstigen deutschen Ausrüstungsgegenstände entscheidend zu meinem Entschluß geführt hat, den Befehl Heidrichs auszuführen und zehn Männer erschießen zu lassen."

Schon am 30. September 1958 hatte der Oberstaatsanwalt in Bonn protokolliert: „In seiner ersten dienstlichen Äußerung hatte der Beschuldigte behauptet, er habe, weil wiederholt Angehörige seiner Kompanie massakriert auf-

27

gefunden worden seien, vom Regimentskommandeur Oberst Heidrich den Befehl erhalten, Zivilisten erschießen zu lassen (...)."

Der Zeuge v. d. H. sagt am 6. Juni 1958 in Würzburg aus: „In dem Abschnitt, in dem ich gekämpft habe, habe ich Greueltaten nicht feststellen können. Ich bin selbst nicht Augenzeuge konkreter Greueltaten gewesen."

Der Zeuge F. P. W., der als Kriegsberichterstatter am 20. Mai 1941 mit den Fallschirmjägern bei Maleme abgesprungen war, gab vor dem Untersuchungsrichter in Bonn an: „Ich habe in den folgenden Tagen etwa 600 Leichen gesehen. Ich habe keine Toten gesehen, die irgendwelche Merkmale einer Massakrierung aufwiesen. Ich habe trotz vielen Herumhörens in den Kampftruppen Stentzler und Gericke niemanden getroffen, der selbst eine verstümmelte Leiche gesehen hat. Ich habe trotz intensiver Bemühungen in jenen Kriegstagen nicht einen einzigen Angehörigen der Fallschirmjäger und der Gebirgstruppen ausfindig machen können, der auch nur einen einzigen gefallenen Deutschen mit Anzeichen von Verstümmelungen oder sonstigen Massakrierungen, etwa mit eigenen Augen erlebt hätte."

Auf die Frage: „Sind eigentlich auf der Halbinsel Akrotiri irgendwelche Greueltaten von kretischer Zivilbevölkerung an Deutschen vorgekommen?" antwortet der Zeuge Dr. Eduard B. schriftlich: „Mir nicht bekannt", und auf die weitere Frage: „Sind insbesondere Leichen deutscher Soldaten verstümmelt aufgefunden worden?" „Ich war damals und bin heute noch der Meinung, daß der Laie vor einer Leiche Ekel empfindet, viel weniger sie zu berühren noch zu verstümmeln wagt."

Dazu stellt der Untersuchungsrichter am 23. Januar 1960 in Bonn fest: „Nach dem bisherigen Ergebnis der Beweisaufnahme, das sich auf zahlreiche Zeugenaussagen stützt, habe ich davon auszugehen, daß kein Anhaltspunkt dafür besteht, daß in *Sternes* und in der Nähe des Dorfes irgendwelche Greueltaten stattgefunden haben, daß also insbesondere auch nicht von Gyldenfeldt und seine beiden Kameraden in diesem Dorf oder in seiner Nähe verstümmelt aufgefunden worden sind, daß vielmehr der Fundort dieser drei Leichen etwa 10 Kilometer von *Sternes* entfernt gewesen ist."

Der Angeschuldigte M. entgegnet daraufhin: „Letztlich aber war für mich nicht entscheidend, daß ich den Befehl Heidrichs hatte, dem ich, wie ich bereits ausgeführt habe, glaubte nachkommen zu müssen. Ich möchte noch einmal betonen, daß ich von der Rechtmäßigkeit und von der Erforderlichkeit der Durchführung dieses Befehls restlos überzeugt war. Mir ist vorgehalten worden, daß sämtliche Angehörige (...) des Fallsch. Jäger-Regts. 3 vernommen worden seien und keiner der Zeugen etwas davon wisse, daß mir Heidrich den Erschießungsbefehl erteilt hat. Ich kann mir das nicht erklären (...)."

Außer sämtlichen Angehörigen des Fallschirmjäger-Regiments 3 wußten auch andere Zeugen nichts von einem Befehl Heidrichs, auf den sich M. bezog. Der Zeuge O. H. schreibt am 21. November 1958 an den Untersuchungsrichter in Bonn: „Grundsätzlich darf ich noch sagen, daß ich persönlich nicht glaube, daß Oberst Heidrich einen Erschießungsbefehl erteilt hat, da er seine soldatischen Pflichten außerordentlich korrekt auszuführen pflegte. Er hätte meines Erachtens mindestens ein Standgericht zusammentreten lassen. Ich habe es außerdem persönlich miterlebt, daß er einen alten kretischen Einwohner, der mit Gewehr und Dolch bewaffnet während der Kampfhandlung gefaßt und ihm vorgeführt worden war, ohne jede Strafmaßnahme wieder hat laufen lassen, nachdem ihm die Waffen abgenommen worden waren."

Gerhard G. am 25. November 1958 in Augsburg: „Auf einen höheren Befehl hat er sich auch mir gegenüber nicht berufen. Wenn das der Fall gewesen wäre, könnte ich mich daran sicherlich noch erinnern, denn der gesamte Vorfall war etwas derartig Einmaliges im Rahmen meiner Kriegserlebnisse, daß diese Einzelheit bei mir haften geblieben wäre."

L. H. am 26. November 1958 in Augsburg: „Mir sind keine Befehle höherer Dienststellen bekannt geworden, die sich mit der Vergeltung von irgendwelchen Aktionen kretischer Zivilbevölkerung befaßten. Ich glaube sagen zu können, daß ich mich an solche Befehle heute noch erinnern würde, wenn sie zu meiner Kenntnis gelangt wären (...). Noch während meines Aufenthaltes auf Kreta hörte ich gerüchtweise von Erschießungen in der Nähe von Chania und Sternes."

Hubert Sch. am 19. Februar 1960 in Bonn: „Ich kann mich nicht daran erinnern, daß M. die Erschießungsaktion vor der Kompanie zu irgendeinem Zeitpunkt begründet hätte. Er hat auch nichts davon gesagt, daß er auf Grund eines höheren Befehls gehandelt hätte. Jedenfalls habe ich selbst nichts davon gehört. Wir waren jedoch alle der Auffassung, daß ein derartiger höherer Befehl vorlag. Jetzt, wo ich diesen Punkt noch einmal durchdenke, meine ich (...) auch, daß er von einem Repressalienbefehl einer höheren Dienststelle gesprochen hat. In diesem Punkt bin ich jedoch nicht sicher, daß ich insoweit meine Aussage beeiden könnte."

Der Zeuge v. d. H., seinerzeit Bataillonskommandeur im Fallschirmjägerregiment 3 auf Kreta und später Professor für Kriegsrecht in W., schreibt am 17. Januar 1959 an den Untersuchungsrichter in Bonn über Oberst Heidrich: „Ich kann mir nicht denken, daß er einem Kompaniechef über den Kopf des Bataillonskommandeurs hinweg einen derart bedeutsamen Befehl gegeben hat."

Trotz dieser überwältigenden Einstimmigkeit der Zeugenaussagen, was den angeblichen Befehl Heidrichs betrifft, wird im Abschlußbericht der Voruntersuchung vom 12. Oktober 1960 dennoch die Berufung des Angeschuldigten Ulrich M. auf Heidrichs Befehl zur Grundlage der Argumentation seitens des Untersuchungsrichters: „Nach § 47 des Militärstrafgesetzbuches ist der Untergebene durch die Ausführung eines Befehls in Dienstsachen, der ein Strafgesetz verletzt, strafrechtlich nur dann verantwortlich, wenn er entweder den erteilten Befehl überschreitet, oder wenn ihm bekannt ist, daß der Befehl des Vorgesetzten eine Handlung betrifft, welche ein allgemeines oder militärisches Verbrechen oder Vergehen bezweckt.

Daß der Befehl des Obersten Heidrich an den Angeschuldigten ein Befehl im Sinne von § 47 Militärstrafgesetzbuch ist, ist bereits oben dargelegt.

Nach alledem wird in einer Hauptverhandlung dem Angeschuldigten ein schuldhaftes Verhalten bei der Erschießung der 10 griechischen Zivilisten in Sternes/Kreta im Juni 1941 nicht nachzuweisen sein. Der Angeschuldigte ist daher aus dem Grunde des Mangels an Beweisen außer Verfolgung zu setzen."

Am 23. November 1960 faßt die 7. Strafkammer des zuständigen Landgerichts folgenden Beschluß: „Der Angeschuldigte wird aus dem tatsächlichen Grunde des mangelnden Beweises auf Kosten der Staatskasse außer Verfolgung gesetzt. Gründe: Der Angeschuldigte führt zu seiner Rechtfertigung insbesondere den Befehl Heidrichs an. Er macht geltend, an der Rechtmäßigkeit dieses Befehls nie gezweifelt zu haben. Auf den Gedanken, daß Maßnahmen seines Vorgesetzten rechtswidrig sein könnten, sei er damals überhaupt nicht gekommen. Über das Völker- und Kriegsrecht sei er nicht informiert gewesen. Von der Rechtmäßigkeit der Exekution sei er so überzeugt gewesen, daß ihn nicht einmal die Vorhaltungen seiner Offiziere (...) von seinem Vorhaben hätten abbringen können.

Gemäß § 47 des zur Tatzeit geltenden Militärstrafgesetzbuches ist der Schuldvorwurf ausgeschlossen, wenn ein Untergebener nicht erkannt hat, daß der Befehl seines Vorgesetzten eine Handlung betrifft, die ein allgemeines oder militärisches Verbrechen oder Vergehen bezweckt.

Mangels nachweisbaren Verschuldens ist daher mit einer Verurteilung des Angeschuldigten nicht zu rechnen. Somit war er aus den tatsächlichen Gründen des Mangels an Beweisen (...) außer Verfolgung zu setzen."

Der Beschuldigte Ulrich M. hatte zu seiner Person bei der Vernehmung am 3. Dezember 1958 angegeben: „Ende

Mai 1945 kam ich in das Zuchthaus Halle, nachdem ich von einem Obergefreiten denunziert worden war. Ich hatte ihm gesprächsweise im Rahmen der Erörterung des Partisaneneinsatzes in Holland von einer Erschießung mehrerer Partisanen in Roemond berichtet, die durch ein Standgericht unter meinem Vorsitz angeordnet worden war. Bereits im Sommer 1952 meldete ich mich beim Amt Blank, um wieder als Offizier in die neu zu errichtende Bundeswehr eingestellt zu werden. (...) Am 11. April 1956 wurde ich dann auch in die Bundeswehr eingestellt."

Am 8. Januar 1975 schreibt Dr. Simon Wiesenthal vom Dokumentationszentrum des Bundes jüdischer Verfolgter des Naziregimes in Wien an die Zentrale Stelle der Landesjustizverwaltungen in Ludwigsburg: „Es stellt sich nun heraus, daß M. auf Kreta 10 Zivilisten – ohne gerichtlichen Beschluß – hinrichten hat lassen. Weiter stellte sich heraus, daß bei der Bundeswehr ein umfangreicher Disziplinarakt über ihn vorhanden ist, und daß M. wegen der darin enthaltenen Vorwürfe, im Jahre 1957 entlassen wurde. (...) Ich ersuche Sie daher, die Ermittlungen in dieser Angelegenheit einzuleiten, da ich annehme, daß Sie leicht an die Disziplinarakte der Bundeswehr herankommen können (...)."

Dieses Schreiben wurde am 13. Januar 1975 zuständigkeitshalber an die Staatsanwaltschaft Braunschweig weitergeleitet, von wo mit Schreiben vom 21. Februar 2001 bescheinigt wird, daß die Akte dieses Verfahrens an das Niedersächsische Staatsarchiv in Wolfenbüttel abgegeben wurde. Dort liegt sie nun im Archiv. Die elf Ermordeten liegen am Eingang des Dorffriedhofs von *Sternes* begraben.

Judasbaum

Es fiel ihr sichtbar schwer, die Treppen zum Denkmal hinaufzusteigen. Immer wieder stellte sie ihre schwere Tasche auf den Stufen ab. Ihr Hüftleiden zwang sie, nur noch in kleinen Einheiten voranzukommen. Den Stock hatte sie unter den Arm geklemmt. Nun mußte sie ihn doch in Anspruch nehmen. Dazu stellte sie die Tasche auf den letzten Stufen ab. Den Kranz aber trug sie ganz sorgsam vollends zum Gedenkstein hinauf. Wie eine Wallfahrerin nach steilem Kreuzweg kam sie schließlich erschöpft oben an. Den Stock lehnte sie ans Geländer, den Kranz aber behielt sie in der Hand. Dann nahm sie ihr schwarzes Kopftuch ab und öffnete umständlich ihren um den Kopf gewundenen grauen Haarzopf. Sie tat es aber mit solch gravitätischer Würde und Sicherheit, daß es wie ein archaisches Trauerritual wirkte und wohl auch so gemeint war. Erst als sie die nun offenen Haare mit gespreizten Fingern etwas zurecht gekämmt hatte, bückte sie sich behutsam, um den Kranz an den Gedenkstein mit den vielen Namen zu lehnen. Dann bekreuzigte sie sich, nachdem sie vorher drei Namenszüge fast zärtlich berührt hatte.

Zunächst blieb ich in gebührendem Abstand stehen. Vielleicht war ich als Deutscher in dieser Situation nicht erwünscht. Auf dem Mahnmal standen die Namen derer, die von den deutschen Besatzern im Zweiten Weltkrieg in diesem Dorf hingerichtet wurden. Das Alter der Exekutierten stand hinter den Namen: 18, 84, 87, 14, 13. Schließlich entschloß ich mich, zu der trauernden Frau hinaufzusteigen und mich als Deutscher zu erkennen zu geben. Sie zeigte mir drei Namen aus ihrer Familie. Darunter ihr Bruder, der mit 14 Jahren hingerichtet wurde. Auch ihr Vater und ihr Onkel seien unter den Toten. Mein betroffenes Schweigen löste sie, indem sie sich auf meinen Arm stützte, um sich zu bücken. Sie nahm noch einmal den Kranz und zeigte ihn mir. Dabei erklärte sie mir all die Zweige, die sie hinein geflochten hatte. Diese roten Blüten hier sind vom Judasbaum, sagte sie. Nach der Legende hatte er einst weiße Blüten. Als sich aber Judas, aus Reue über seinen Verrat, an einem solchen Baum aufgehängt hatte, verfärbten sich dessen Blüten aus Scham für immer rot. Deshalb bringe ich immer zur Zeit der Blüte des Judasbaums einen Kranz hierher für die Toten. Und das hier, fuhr sie fort, sind Zweige vom Granatapfelbaum. Der Granatapfel ist für uns Symbol für die Märtyrer. Sein roter Saft ist deren Blut, und die vielen Kerne sind die Samen für neues Leben. Das Blut der Märtyrer ist der Same der Kirche. Und selbstverständlich gehören die immergrünen Blätter des Lorbeers dazu. Sie sind das Zeichen des Sieges Christi über den Tod. Deshalb streuen wir sie auch von Karfreitag bis Ostern auf den Boden unserer Kirchen. Warum sie aber die getrockneten Johannisbrotschoten in den Kranz geflochten hatte, konnte ich mir nicht erklären. Ich wollte ihr mit meinem bißchen Wissen über die Verwendung der Fruchtkerne als Gewichtsteinchen für Gold- und Apothekerwaagen entgegenkommen, da unterbrach sie mich und fragte, ob ich nicht wüßte, daß der Verlorene Sohn im biblischen Gleichnis das Fruchtfleisch dieser Schoten in seiner größten Verzweiflung aus dem Schweinetrog gegessen hätte. Verlorene Söhne gibt es überall, ergänzte sie. Und wer nicht dieses bittere Brot geschmeckt hat, findet nicht zu seinem Vater zurück. Eine Katze, die sich an der noch auf der Treppe stehenden Tasche der Alten zu schaffen machte, holte uns in den Alltag zurück.

Brief ohne Antwort

Ich suche ein Gegenüber. Ich suche Augen, eine Stimme. Ich will mich in den Weg stellen, nicht ausweichen vor der Inflation der Nachsicht, nicht vor mir selbst. Ich schreibe einen Brief ohne Antwort.

Sehr geehrter Herr Major,

als Offizier hatten Sie im 2. Weltkrieg eine hohe, und in vieler Hinsicht verantwortungsvolle Position. Nach dem Krieg wurden Sie angeschuldigt, während der Besatzung auf Kreta Kriegsverbrechen begangen zu haben. Und so wurde gegen Sie ein Untersuchungsverfahren eingeleitet. Das hat sich über mehrere Jahre hingezogen. Es war sicher für Sie und Ihre Angehörigen eine schwere Zeit. Da ist man Verdächtigungen ausgesetzt und schwerer noch, vielleicht sogar eigenen Zweifeln. Und da sieht man sich ständig neuen Zeugenaussagen gegenübergestellt, die nicht immer die eigene Position bestätigen. Darunter wird es gutgemeinte kameradschaftliche Solidarität gegeben haben. Womöglich hatte es Zeugen, die glaubten, noch eine offene Rechnung mit Ihnen begleichen zu müssen. Und da wurden auch Vernehmungsprotokolle von griechischen Zeugen verlesen. Eventuell gab es darin auch manche Übertreibungen. Vielleicht aber waren Sie doch froh, dem einen oder anderen nicht gegenübergesessen zu haben.

Schließlich wurden Sie mangels Beweisen außer Verfolgung gesetzt. Es steht mir nicht zu, diese Entscheidung zu kritisieren oder gar anzufechten. Wenn ich mich heute an Sie wende, geht es mir um etwas anderes. Ich habe im Archiv Ihre gesamte Gerichtsakte ausführlich und intensiv gelesen, und kann mir nicht vorstellen, daß für Sie die ganze Angelegenheit mit diesem Verfahrensabschluß beendet sein kann. Der Oberstaatsanwalt hat ausführlich begrün-

det, warum Sie bei dieser Hinrichtungsaktion das Kriegsrecht nicht verletzt haben, und wie Sie das Recht haben,
sich auf die Haager Landkriegsordnung zu beziehen.

Nun möchte ich mein Anliegen nicht auf Ihren konkre-
ten Fall reduzieren. Es gab ja eine Unzahl von ähnlichen
Anschuldigungen und Kriegsmaßnahmen. Und fast alle Verfahren wurden eingestellt, nach – in der Tat – sehr genauer
staatsanwaltlicher oder gerichtlicher Untersuchung. Viele
davon habe ich sorgfältig und mit großer Betroffenheit
durchgesehen. Dabei habe ich mich nicht immer nur vom
Leid der Opfer allein leiten lassen. Oft genug hat es mich
auch sehr bewegt, mit welchen Lebenslasten da Menschen
aufrechten Gang vorspielen müssen. Wenn doch nur ein
einziger von all den Beschuldigten einmal gesagt hätte: Es
tut mir unsagbar leid, was ich anderen Menschen zugefügt
habe. Ich stehe dazu. Ich war es. Ich will mich hinter keinem Kriegsrecht verstecken. Ich bitte die Opfer und deren
Angehörige aus tiefstem Herzen um Entschuldigung. Das
hätte doch einem Offizier gut angestanden, wo doch so viel
von Ehre in diesem Berufsstand die Rede war und ist. Und
heißt Verantwortung zu tragen nicht in erster Linie hin-
stehen zu können für eine Überzeugung, für sich selbst und
für andere? Auch unter widrigsten Umständen, auch angesichts von eigener Schuld.

Aber zur eigenen Verteidigung wurden nicht nur das
nationale und internationale Kriegsrecht und das Völkerrecht bemüht, sondern vor allem die Befehlshierarchie.
„Befehl ist Befehl" scheint so etwas wie der oberste Glau-
benslehrsatz zu sein. Wo er ausgesprochen wird, steht sogar mancher Zivilist innerlich stramm. Diesem Satz wird
mehr Gehör geschenkt als den Naturgesetzen oder gar religiösen Geboten. Ich habe durchaus Verständnis dafür, daß
das Militär im Krieg durch eine klare Befehlshierarchie organisiert sein muß, und auch dafür, daß der einzelne Soldat sich der Gefahr einer Verurteilung wegen Befehlsverweigerung durch ein Kriegsgericht entziehen will. Nicht
selten aber ist es auf Kreta geschehen, daß sich Offiziere zu

Richtern und Vollstreckern aufspielten, indem sie angebliche Befehle als Blankoscheck für ihr rigoroses und verbrecherisches Durchgreifen benutzten. General Student spricht rechtfertigend von „Selbsthilfeaktionen". Für einen Zugerichteten zehn Hingerichtete hieß die barbarische Rechnung. Die Flut von Befehlen gab oft genug das Gefühl, bei den „Vergeltungsmaßnahmen" abgesichert zu sein. Da wurde meines Erachtens sehr viel gelogen. Aber bekanntlich kann man ein Gericht tausendmal besser belügen als sich selbst. Ich will jetzt auch nicht zu moralistisch werden. Sogar dafür, daß Sie und die anderen Angeschuldigten in den Verfahren ausschließlich darauf bedacht waren, Ihre Unschuld nachzuweisen, habe ich Verständnis. Denn nachdem Sie durch die Hölle des Krieges und des menschenschindenden Faschismus hindurch waren, wollten Sie nicht noch einmal bestraft werden. Das zu be- oder gar zu verurteilen, steht mir nicht zu. Ich will es auch gar nicht. Ich kann es nicht ausschließen, daß ich mich unter den Kriegsverhältnissen nicht auch in den Sog solchen Handelns hätte mit hineinziehen lassen.

Dann aber, nach dem Krieg, und viele Jahre nachdem die Verfahren alle längst eingestellt waren, warum hat sich da keiner von Ihrem Berufsstand zu seiner einst in Kreta so hohen Verantwortung bekannt, sich hingestellt und Ich gesagt?

Manche Ihrer Kameraden und Kollegen waren viele Jahre nach dem Krieg wieder, zunächst inkognito, auf Kreta. Und als sie dort die herzliche und noch immer ungebrochene Gastfreundschaft erfahren durften, haben sie für sich daraus geschlossen, daß die ganze Angelegenheit nun endgültig überstanden sei. Ist es nicht gerade die bescheidene und natürliche Würde, mit der die Kreter ihrem Gast begegnen, die einen verpflichtet, ihr auch gerecht zu werden. Das gilt nicht nur für schuldig gewordene und unschuldige Kriegsteilnehmer. Das gilt auch für deren Kinder und alle Deutschen, die heute als Touristen nach Kreta fahren.

Das Blut ist längst geronnen, die Wunden längst vernarbt. Aber die Schatten sind noch geblieben. „Mann ohne Schatten" ist ein uraltes Menschheitsthema in Mythologie und Literatur. Umgekehrt ist das Phänomen „Schatten ohne Mann" heute akut und existenziell. Die Schatten des Krieges sind noch vorhanden. Die sie verursachenden Männer aber haben sich davongeschlichen. Vielleicht können die Schatten nur gebannt werden, wenn sich wenigstens einer ihrer einstigen Verursacher dazustellt und das Schattendasein erlöst. Die Richter haben die Angeschuldigten „Im Namen des Volkes" freigesprochen. Wäre es nicht an der Zeit, daß noch einer jener Generation „Im Namen des Menschen" um Verzeihung bittet?

Freiheit

Freiheit ist kein Abstraktum in den Köpfen der Kreter. Sie ist mehr als Nationalgefühl und etwas anderes als religiöser Glaube. Doch oft genug ist sie deren Verbündete. Verletzlicher als das Leben, doch stärker als der Tod. Es scheint, daß die Griechen bis heute mehr ihren Dichtern als ihren Politikern vertrauen. Iannis Ritsos in „Elementarcs": „Wenn es der Tod ist/ kommt er immer nur/ als zweiter/ immer an erster Stelle/ steht die Freiheit."

Gegen diese Freiheitsliebe ist kein Kraut gewachsen. Im Gegenteil, die Freiheit selbst scheint zu den endemischen Gewächsen dieser einzigartigen Insel-Vegetation zu gehören. Nirgends wohl ist der Zusammenhang zwischen Leiden und Leidenschaft, Pathos und Passion so augenfällig und spürbar. Die Kreter haben nicht nur mit Abstand die meisten Aufstände gegen die Türken vorzuweisen, sondern auch die einzige bewaffnete Erhebung gegen die Diktatur Metaxas (1936 bis 1941). Der kretische Dichter und Literaturnobelpreisträger Odysseas Elytis schreibt über seine Lyrik: „Ich hoffe, daß ich so/ eine Freiheit,/ die allen Regierungen/ entgegengesetzt ist,/ und eine Gerechtigkeit,/ die mit dem absoluten Licht/ identisch ist,/ am Leben erhalte." Für den einfachsten Kreter sind das nicht leere, pathetische Worthülsen, sondern Handlungsanweisungen, die wie Patronen für den Freiheitskampf im Gurt stecken. Römer, Sarazenen, Venetianer, Osmanen und Diktatoren vom Schlage Metaxas bekamen dies zu spüren. Auch die Monarchisten erhielten mit ihrem Volksbegehren für die Rückkehr des Königs die deutlichste Abfuhr auf Kreta. Unvergessen ist auch das unerschrockene Auftreten des Bischofs Irenäus aus Kastelli in Westkreta gegen die Militärjunta Ende der Sechziger- und Anfang der Siebzigerjahre: „Wenn das Volk schweigen muß, muß die Kirche ihre Stimme für das Volk erheben" hat er den selbsternannten Machthabern entgegnet. Daß sich dann das kretische Volk 1980 für diesen Oberhirten gegen einen Beschluß der Heiligen Synode und die Autorität des Patriarchen in Konstantinopel in einer beispiellosen Aktion und letztlich durch Entführung des heißgeliebten Kirchenmannes einsetzte, ist ein Handstreich, wie ihn die Kirchengeschichte selten vorzuweisen hat.

„Freiheit oder Tod" stand schon auf der Fahne, die Bischof Germanos von Patras 1821 für den Aufstand gegen die Türkenherrschaft weihte. Unter dieser Parole kämpften auch die Kreter immer und immer wieder mit großer Unterstützung ihrer Priester und Mönche gegen die Türken. Und der wohl bedeutendste kretische Schriftsteller des 20. Jahrhunderts, Nikos Kazantzakis, hat mit seinem gesamten Werk ein Bekenntnis dafür abgelegt, daß es letztlich nicht um die Freiheit an sich geht, sondern um den Kampf für die Freiheit. Aber nicht nur fremde Besatzer, auch eigene Regierungen und vor allem gesellschaftliche und politische Konstellationen sind oft Feinde der Freiheit. Die Freiheit sei vor allem in den Bergen beheimatet, dort, wohin weder Besatzer noch Regierungsbeamte ohne Orientierungs- und Atemnot kommen. Gesellschaftlicher wie nationaler Freiheitskampf sind hier aus demselben Grundstoff. So war es für die deutschen Besatzer Kretas im 2. Weltkrieg sehr schwierig, die kommunistischen Freischärler von den liberalen und nationalen zu unterscheiden. Trotz ihres harten Durchgreifens konnte der kretische Widerstand nicht gebrochen werden. Die Erfahrung im Guerilla-Kampf war in Jahrhunderten gewachsen. Dennoch konnte kein entscheidender Sieg gegen die Besatzungsmacht errungen werden. Der Widerstand war zu schwach. Der extreme Individualismus der einzelnen Kämpfer stand oft der strengen Organisation entgegen. Revolutions-Romantik und Heldenpathos sind aber auch anziehend für kriminelle Energie. Hier zu unterscheiden, war oft den Freischärlern selbst kaum möglich, geschweige denn den deutschen Besatzern. Da gab es die altehrwürdige Tradition der Klephten, die den wohlhabenden Türken das Vieh raubten, um es dem darbenden Volk in die Ställe zu stellen. Wie sollten solche edlen Mundraubmotive vom ganz gemeinen Viehdiebstahl unterschieden werden. Wer ist ein Klephte, wer ist eine Dieb? Oder hat gar erst ein gewiefter Gauner die nötigen handwerklichen und kriminellen Fähigkeiten für einen erfolgreichen Freischärler oder Berghelden? Von Dionysios Solomos (1798 bis 1857), dem Verfasser der griechischen Nationalhymne, stammen diese Zeilen: „Ich nehme meine Flinte,/ ich will ein Klephte sein./ Ich wohne in den Bergen,/ droben bei den steilen Felsen."

Die Freiheitskämpfer während der deutschen Besatzung nannten sich selbst Andarten, was sowohl Rebell als auch Aufständler oder Partisan heißen kann. Daß es eine Haager Landkriegsordnung gibt, die genau definiert, was ein Partisan ist, und vor allem, wie eine reguläre Armee mit ihnen unter bestimmten Voraussetzungen und Bedingungen verfahren darf, das war so gut wie keinem Kreter bekannt. Das rigorose Durchgreifen der deutschen Besatzungsmacht gegenüber Partisanen und verdächtigen Zivilisten macht aber in drastischer Weise deutlich, daß man keineswegs gewillt war, auf Kriegsregeln zu achten, wenn sie den eigenen Strafaktionen im Wege standen. Befehlshierarchie war oberstes Gebot, aber in den meisten Gerichtsverfahren nach dem

Krieg auch willkommenes Argument, die eigene Verantwortlichkeit entschieden zu bestreiten. Ein deutscher Richter hat in einem Verfahren gegen einen hohen Offizier der deutschen Besatzungsmacht auf Kreta in seiner Urteilsbegründung bestätigt, daß „den deutschen Befehlshabern und Offizieren kein militärisches Handbuch über die geschriebenen und gewohnheitsrechtlichen Regeln des Kriegsrechts zur Verfügung stand." Dieser Richter benützt dies allerdings dazu, den Angeschuldigten zu entlasten, weil er folglich auch nicht in vollem Umfang auf diese Regeln verpflichtet werden könnte, wenn sie ihm letztlich gar nicht zugänglich waren.

Oft nannten und nennen die Kreter ihre Freiheitskämpfer bewundernd Palikaren, was am ehesten auf Deutsch mit ganzer Kerl wiedergegeben wird. Hier wird am deutlichsten, daß sich die breite Bevölkerung mit diesen Burschen und Männern, ihren Söhnen und Verwandten identifizierten. Man gab ihnen Phantasienamen, aber auch Namen von bekannten Helden aus den vergangenen Freiheitskämpfen, oder gar aus der Antike. Odysseas Elytis schreibt in seiner „Albaniade": „In den Gesichtern meiner Soldaten/ sah ich das Leuchten,/ zu dem das Griechentum/ immer fähig ist,/ wenn es an sein Recht glaubt."

Es kam sogar vor, daß der berühmte Anführer des siegreichen Freiheitskampfes gegen die Türken, Kolokotronis noch im 2. Weltkrieg wie ein Heiliger im Gebet um Hilfe angerufen wurde. Hier wird wohl die Kluft, welche die einfache ländliche Bevölkerung von der undurchsichtig organisierten und oft zynisch operierenden Besatzungsmacht trennte, am deutlichsten.

Die Engländer nannten die griechischen Freiheitskämpfer ebenfalls mit deren eigenem Ehrennamen Andarten. Hitler befahl dagegen, grundsätzlich nur von „Banditen" und „Banden" zu sprechen. Diese verächtliche und bewußt diffamierende Sprachregelung setzte sich in der Befehlssprache der deutschen Besatzer Griechenlands konsequent durch. Dort ist nur von „Viehdieben", „Verbrechern", „Banditen", „kommunistischen Elementen", „Bandenhelfern" oder „Terroristen" die Rede.

Sicher war der Freiheitskampf der Griechen nicht nur von großen Idealen und historischen Heldentaten geprägt. Eine nicht unwesentliche Rolle spielte der Kampf ums nackte Überleben, insbesondere gegen die Hungerkatastrophe, die von den Besatzern verursacht war. Odysseas Elytis in „Die Passion": „In der Öde der Stadt/ bleibt nur die Hand/ die mit roten Lettern/ schreibt auf die hohen Wände der Häuser/,Freiheit und Brot'"

Dies ist auch ein literarischer Hinweis darauf, daß der griechische Widerstand nicht allein von wilden Berghelden und waghalsigen Freischärlern geprägt wurde, sondern zunehmend von politischen Kräften und Organisationen. Hier schieden sich vor allem die Geister. Während die einen eine gewisse Zusammenarbeit mit dem Feind aus opportunistischen Gründen für durchaus vertretbar hielt, bekämpften dies die anderen entschieden als Verrat. Hier gab es aber nicht nur den Antagonismus von Kollaboration und Widerstand, sondern den kaum zu überbrückenden tiefen Graben zwischen den linken und den rechten Widerstandsgruppen. Iannis Ritsos in „Das Ende von Dodone": „Die Schlauen paßten sich schnell an,/ trugen wieder die guten Kleider,/ schlenderten durch den Basar,/ plauderten, machten Geschäfte./ Fingen an,/ die Eindringlinge zu verteidigen./ Änderten die Namen der Straßen."

Gerade in dieser verzweifelten Ohnmacht der politischen Befreiungsorganisationen aber erhalten diese dann wieder entscheidende Impulse von dem ungebrochenen Mut der kretischen Widerstandsgruppen. Am 10. Oktober 1941 erscheint die erste öffentliche Verlautbarung der Nationalen Befreiungsfront EAM. Darin findet sich der Aufruf, dem Vorbild der Kreter im Kampf gegen die Besatzer zu folgen. Der kretische General Mantakas, der sich seit dem Aufstand gegen die Diktatur Metaxas' 1938 großer Popularität erfreute, sagt dieser neugegründeten Befreiungsorganisation seine uneingeschränkte Unterstützung zu und verschafft ihr dadurch von Anfang an eine große Akzeptanz im Volk. Obwohl er bei seinen Andarten-Freunden auf Kreta bleibt, beeinflußt er den Widerstand auch auf dem Festland ganz entscheidend.

Zunehmend prägten politische Kräfte den Freiheitskampf. Dadurch aber bauten sich auch innenpolitische Fronten auf. Unter dem Vorwurf der „Kollaboration mit dem Feind" bekämpften sich die einzelnen Gruppen verbissen. Hier wurde der Boden für den Spaltpilz des späteren Bürgerkriegs bereitet. Giorgos Seferis, „Die Stimme aus dem Radio": „Der Krieg tauscht Seelen gegen Asche."

Die Seelen, die im Krieg gegen den Besatzer entbrannten, verglühten im anschließenden Bruderkrieg. Nikos Kazantzakis, der Sänger der Freiheit, trägt dazu bei, das Pathos von der Freiheit zu entmythologisieren. Er beschreibt diesen entsetzlichen Kampf der Griechen untereinander in seinem Roman „Brudermörder": „Die Freiheit ist nicht allmächtig, ist nicht unsterblich. Auch sie ist ein Kind des Menschen und bedarf des Menschen."

Der Historiker Hagen Fleischer schreibt am Ende seines großen Werkes über jene Zeit: „Ich möchte daher die Feststellung wagen, daß die *Breite* bzw. *Tiefe* des griechischen Widerstandes wenige Parallelen in Europa hatte. So bestätigen selbst jugoslawische Kritiker, die ansonsten den eigenen ‚Volkskampf‘ rühmen, daß Widerstandswille und -solidarität der eigenen Bevölkerung das griechische Beispiel nicht einmal annähernd erreichten."

Einige Historiker sind der Meinung, daß das Fehlen sehr vieler kretischer Männer im wehrfähigen Alter, die mit der 5. Kretischen Division im Albanienkrieg eingesetzt waren, einen nicht unerheblichen Einfluß auf das kretische Drama hatte. Frauen, Kinder und Greise fühlten sich dadurch umso mehr herausgefordert, sich selbst zu verteidigen, zumindest aber die Andarten zu unterstützen. Hätten gar die Engländer Kreter zu regulären Truppenmitgliedern erklärt, entsprechend bewaffnet und vor allem uniformiert, dann hätten sie unter dem Schutz der Haager Landkriegsordnung gestanden. Captain Pendlebury wußte durchaus, daß schon eine einfache Armbinde genügte. Durch eine solche Maßnahme wäre es den Deutschen nicht so leicht gemacht worden, den Verteidigungskampf der Kreter als Verletzung des Kriegsrechts zu diffamieren.

Nur Barbaren glauben, die Seele könnte mit Waffen erobert werden. Wo aber der Leib gefangen wird, da beginnt die Seele sich wieder auf das Fliegen zu besinnen. Kreta kann zwar terrorisiert, aber niemals erobert werden. Kreta erobert! Die Achäer und Mykener haben die Minoer nicht wirklich besiegt, sondern sich im Gegenteil von deren Kultur beeinflussen lassen. Kretische Handwerker und Künstler gestalteten deren Paläste und Heiligtümer. Die Dorer haben sich als die Herren aufgespielt, aber die wenigen Spuren, die sie auf der Insel hinterlassen haben, zeugen nicht gerade von Souveränität. Burgen und Befestigungen sind geblieben, auf unzugänglichen Höhen. Eher Zeugnisse von Angst als von Größe. Die Kreter haben die vermeintlichen Eroberer integriert und umgeformt. Es wird behauptet, die von Norden einwandernden Stämme hätten ihren Gott Zeus mit auf die Insel gebracht. Aber selbst der konnte Kreta nicht erobern. Er mußte hier neu geboren werden. Es scheint, daß alle scheitern – früher oder später – die kommen, um Kreta zu erobern. Wer sich selbst aber von dieser Insel erobern läßt, wird neu geboren.

Freiheitsberaubung

Für einen Kreter sei oft schon ein Zaun um ein öffentliches Grundstück eine Art von Freiheitsberaubung, sagen die Festlandsgriechen. Die restriktiven Maßnahmen der deutschen Besatzer gegenüber der Inselbevölkerung wurden dort nicht nur als Gängelung empfunden, sondern in noch viel größerem Maße als Demütigung. Die deutsche Antwort auf die kretische Freiheitsliebe finde ich unter der Bestandssignatur RW 40 im Aktenband 201 im Freiburger Bundes-militärarchiv. Aus der Flut von Verordnungen, die über die Kreter erging, seien hier nur die Passagen zitiert, die sich auf das zivile Leben bezogen. Ungleich größer war die Zahl der Reglementierungen, hinsichtlich der Bekämpfung der Partisanen und deren Helfershelfer in der Bevölkerung.

                    V e r o r d n u n g
        über das Verbot von Vereinen, Bünden
          u.dgl. sowie von Versammlungen vom
                    15. Nov. 1941.
                        1.
(1) Mit sofortiger Wirkung wird jeder Zusammen-
    schluss von Personen zu Vereinen, Bünden,
    Klubs u.dgl. verboten. Bestehende Vereine
    sind mit sofortiger Wirkung aufgelöst.
(2) Öffentliche und nichtöffentliche Versamm-
    lungen jeder Art sind verboten.
(3) Ausnahmen bedürfen der Zustimmung der Feld-
    kommandantur.
    (...)
                        3.
(4) Zuwiderhandlungen werden mit Zuchthaus oder
    Gefängnis bis zu 15 Jahren bestraft, sofern
    nicht nach anderen Gesetzen eine härtere
    Strafe zu verhängen ist.
    (...)
            Der Kommandant der Festung Kreta

Anordnung

über die Ablieferung von Rundfunkgeräten und
das Verbot des Abhörens deutschfeindlicher
Sender.

In Ergänzung der bisherigen Befehle und Verbo-
te wird nochmals folgendes angeordnet:
1.) Alle Rundfunkgeräte, welche sich im Besitz
    von Personen befinden, die weder zur deut-
    schen noch zur italienischen Besatzungs-
    macht gehören, sind bis zum 18.6.42 bei der
    zuständigen Kreiskommandantur abzuliefern.
    Ausnahmen bedürfen der schriftlichen Geneh-
    migung des Festungskommandanten, Gruppe
    Inn.
2.) Das Abhören deutschfeindlicher Rundfunk-
    sendungen ist verboten (...).

Chania, den 4.6.1942

              Der Kommandant der Festung Kreta

A n o r d n u n g
über die polizeiliche Meldepflicht.

(...)
c) Jede Person, die in einer Gemeinde außerhalb ihres Wohnortes gleich aus welchem Grunde, übernachtet, hat sich bei der zuständigen
Behörde anzumelden.
d) Für die ordnungsgemässe Durchführung der
Anmeldepflicht sind (...) auch die Hauseigen-
tümer, Mieter, Gasthausbesitzer sowie alle
Personen, die Fremde beherbergen, verantwortlich.
(...)

Chania,den 30.November 1942

                    Der Kommandant der Fstg. Kreta
                    gez. Bräuer, Generalleutnant

Verordnung

ueber Arbeitspflicht der Bevölkerung Kretas.

1. Alle arbeitsfaehigen Einwohner sind zu jeder Arbeitsleistung und Gestellung von Arbeitstieren fuer die Besatzungsmacht verpflichtet. Die Aufforderung hierzu erfolgt durch Dienststellen der Besatzungsmacht oder den Buergermeister.
2. Alle Gemeinden sind verpflichtet, auf Anforderung eine festgesetzte Zahl von Arbeitskraeften oder Tieren zu stellen.
   (...)
4. Keine Arbeitskraft darf ihren Arbeitsplatz ohne Genehmigung der Dienststelle verlassen oder aufgeben.
   (...)
6. Wer den vorstehenden Bestimmungen zuwiderhandelt, wird als Arbeitsverweigerer oder Saboteur mit Gefaengnis oder Zuchthaus, in schweren Fällen mit dem Tode bestraft.
   (...)

Chania, den 13.2.1943

Kommandant der Festung Kreta

Ohne Datum und Ortsangabe

Abbrennen offener Feuer während
der Dunkelheit
§ 21

Wer in der Zeit von einer Stunde nach Sonnen-
untergang bis eine Stunde vor Sonnenaufgang
ohne Genehmigung der zuständigen militärischen
Dienststelle offene Feuer abbrennt (...) wird
mit Gefängnis oder Geldstrafe bestraft.

Photographieren, Malen und Zeichnen
außerhalb geschlossener Räume.
§ 22

Wer ohne Genehmigung der Kreiskommandantur außerhalb geschlossener Räume oder aus geschlos-
senen Räumen heraus photographiert oder wer
einem von den zuständigen militärischen
Dienststellen erlassenen Verbot zuwider außerhalb geschlossener Räume malt od. zeichnet,
wird mit Zuchthaus, Gefängnis oder Geldstrafe
bestraft, sofern nicht nach anderen Vorschrif-
ten die Todesstrafe verwirkt ist.

Der Oberbefehlshaber Südost

Knochenarbeit

Kreta, den 26.6.41.

Auf Grund der mir vom Fuehrer und Obersten Befehlshaber der Wehrmacht gegebenen Ermaechti-
gung verordne ich ueber die Einfuehrung der

A r b e i t s p f l i c h t
==============================
Folgendes:

1.) Alle Gemeindebuerger sind ohne Ansehen ihres Berufes, ihres Alters und ihres Ge-
schlechtes verpflichtet, auf Anforderung
des Buergermeisters jede Arbeit zu leisten.
2.) Bis auf weiteres gilt diese Arbeitspflicht
auch Sonntags und ueber die gewoehnlichen
Arbeitszeiten hinaus.
    (...)
5.) Wer den sich aus dieser Verordnung ergebe-
nen Verpflichtungen nicht oder nicht
puenktlich nachkommt, wird wegen Arbeits-
verweigerung oder Sabotage mit Gefaengnis
oder Zuchthaus in besonders schweren Fael-
len mit dem Tode bestraft.

Der Militärbefehlshaber
von Kreta

Gribiliana, 12. Mai 2001

Wiedereinmal lädt uns Christina ein, ein wenig zu ihr vors
Haus zu sitzen. Vorsichtig nimmt sie die Katze vom Stuhl
und bittet uns, Platz zu nehmen. Dann bricht sie uns zum
Empfang einen kleinen Zweig vom Jasminstrauch. Immer
wieder verschwindet sie hinter der offenstehenden Tür und

bringt uns Köstlichkeiten aus Küche und Garten. Aus dem Haus mischt sich das Geräusch von brutzelndem Öl in die Harmonie der liebenswürdigen Gastfreundschaft. Bald darauf verbrenne ich mir den Gaumen an einem der frisch frittierten, verführerisch duftenden und mit Wildgemüse gefüllten Krapfen. Mit jedem neuen Gericht serviert sie auch irgendeine Neuigkeit aus dem Dorf oder von der Familie. Wie froh bin ich, daß ich gerade den angebotenen Raki abgelehnt habe. Denn fast gleichzeitig kommt Nikolaus vom Ölberg zurück. Als erstes nach der oft bis zu zehn Stunden dauernden Arbeit in dem sehr großen Grundstück mit Oliven- und Obstbäumen, gönnt er sich zuhause einen Schnaps. Da steht es dem Gast gut an, mit ihm anzustoßen. Nikolaos ist 79 Jahre alt. Bevor er sich endgültig zu seinen Gästen setzt, geht er ins Haus, wäscht sich und zieht sich um. Seit vielen Jahren kennen wir Nikolaos und Christina. Auch die Kinder und Enkel. Heute erzählt er – auf mein Fragen hin – zum erstenmal von der Zeit der deutschen Besatzung auf Kreta im 2. Weltkrieg. Ich habe den Eindruck, daß er sich ein wenig überwinden muß, darüber zu sprechen. Er befleißigt sich sehr, mir zu verstehen zu geben, daß er weder die Deutschen im Allgemeinen anklagen will, noch mich als Deutschen auch nur im Geringsten verletzen möchte. Drüben im Steinbruch hinter dem Kloster, am Weg nach Afrata hinauf, habe er mit vielen anderen jungen Männern aus dem Dorf und der Umgebung arbeiten müssen. Die Arbeit an sich habe für sie alle keine Überforderung bedeutet. Sie seien jung und stark gewesen und auch an die Hitze gewöhnt. Aber man mußte durcharbeiten, den ganzen Tag. Es gab nur Wasser und für zwölf Leute einen Laib Brot pro Tag. Abends durfte man nicht etwa nach Hause, sondern mußte zum Übernachten in die bewachte Baracke marschieren. Schließlich sei er sehr krank geworden und sogar ins Lazarett gekommen. Acht Jahre lang, also noch Jahre nach dem Krieg hatte er unter schweren Wirbelschäden zu leiden. Nach langem Zögern hat er sich dann doch entschieden, einen Antrag auf Entschädigung für die

Zwangsarbeit zu stellen. Ganz und gar nicht des Geldes wegen, sondern um endlich – nach 60 Jahren – zum erstenmal offiziell bestätigt zu bekommen, daß ihm und seinen Kollegen Unrecht widerfahren ist, und daß sie geschunden und ausgebeutet wurden. Während ich mir in Gedanken eine angemessene Antwort auf Griechisch zurechtlege, faßt mich Nikolaos am Unterarm, als wolle er mich trösten. Seine Katze sprang ihm auf den Schoß. Damit war ein neues Thema auf der Tagesordnung.

Einige Zeit später sitze ich bei Apostolos und Evlambia. Sie machen den besten Wein im Dorf. Der löst Herz und Zunge. Ich frage auch sie nach ihren Erinnerungen an den Krieg. Evlambia nickt langsam und anhaltend mit dem Kopf bevor sie antwortet. Sie hätten fast nichts zu essen gehabt. Man hätte eben Wildgemüse gesammelt, auch die Kinder. Apostolos streckt mir als Antwort auf meine Frage seine Hände entgegen. Schau sie dir an! Ich habe auch drüben im Steinbruch gearbeitet. Mit bloßen Händen mußten wir die Steine bearbeiten. Das Schlimmste aber war, daß wir sie ohne Handschuhe und Geräte auf die Lastautos aufladen mußten. Alle hatten wir völlig zerschundene Hände. Meine Finger sind fast steif. Aber für die Arbeit im Weinberg reicht es noch. Und Gott sei Dank, mein Weinglas kann ich auch noch selber halten. Er prostet mir zu: Auf den Frieden!

Süßer Kaffee

Malathyros, 23. Juni 2001

Heute will es der Sonne nicht gelingen, unsere aufgewühlten Seelen mit dem Streicheln ihrer warmen Strahlen zu beruhigen. Kaum nehmen wir die wilden Kaskaden der steilen Bergflanken um uns wahr. Ab und zu streift der Schatten eines Gänsegeiers unseren Weg. Der Duft des wilden

Thymians kann heute nicht unsere Sinne betören. Die Gedanken sind gefangen im Kerker der verbrecherischen Vergangenheit deutscher Besatzung. Dort droben, am Ende des abgelegenen Tales fiel das Kommando am Morgen des 28. August 1944 über das Dorf Malathyros her. Sie traten die Haustüren ein und zerrten die Bewohner auf die Straße. Alle Männer wurden in die Dorfschule getrieben und unter erniedrigendsten Folterungen verhört. Die Wut der Deutschen war grenzenlos. Sie hatten erfahren, daß die Engländer hier eine Funkstation eingerichtet hatten, von der aus sie Kontakt zu ihrem Hauptquartier in Kairo unterhielten. Die menschenverachtenden Schindereien der Verhöre endeten erst am Nachmittag. Schließlich wurden alle 61 ergriffenen Männer in eine Schlucht hinabgeführt. Während die Schüsse des Exekutionskommandos zum Dorf hochpeitschten, hatten die oben gebliebenen Besatzer die Häuser ausgeraubt und sich ein Festmahl herrichten lassen.

Ich bemerke, daß ich immer langsamer fahre – nicht nur, weil die Straße ansteigt. Ganz unbewußt nehme ich den Druck aufs Gaspedal zurück. Plötzlich stelle ich mir vor, selbst in einem deutschen Militärfahrzeug von damals zu sitzen, unterwegs zu diesem heuchlerischen Überraschungsbesuch. Was ist wohl in den Soldaten vorgegangen? Das Ortsschild „Malathyros" holt mich in die Gegenwart. Es gibt ihn also wirklich, diesen Hinrichtungsort. Das ganze Dorf scheint den Atem anzuhalten. Die Straße endet hier. Es gab also kein Entrinnen.

Auf dem Kirchplatz halten wir an. Wir brauchen einige Zeit, bis wir uns zum Aussteigen entschließen. Kein Mensch ist zu sehen, kein Laut zu hören. Fast wie Eindringlinge kommen wir uns vor. Haben die Dörfler etwa unsere deutsche Autonummer gesehen und sich abgewandt? Schließlich gehen wir zum Friedhof vor der Kirche hinüber. Unübersehbar, gleich beim Eingang ein Denkmal mit den eingemeißelten 61 Namen der Erschossenen. Darunter viele Alte, aber auch zwei 18jährige, sogar ein Junge von 13 Jahren. Während wir leise alle Namen lesen, bemerken wir nicht, daß ein alter Mann zu uns gekommen ist. Er ist zurückhaltend, läßt uns aber doch merken, daß er sich über unseren Besuch im abgelegenen Dorf freut, obwohl er wohl längst ausgemacht hat, daß wir Deutsche sind. Dann zeigt er auf den Namen Kartsonakis Ioannis und erzählt uns: „Der wurde auch erschossen – mit 18 Jahren. Aber er wurde nur am Kopf verletzt. Er überlebte das Massaker und hat sich danach entschlossen, Pfarrer zu werden."

Der Alte lädt uns zu sich ein und kocht uns einen süßen griechischen Kaffee. Dann erzählt er uns seine Geschichte. Er sei damals als junger Mann mit Fieber im Bett gelegen, als plötzlich ein deutscher Soldat ins Zimmer kam. Der wollte ihn zuerst aus dem Bett scheuchen, merkte dann aber, daß er krank war. Er gab ihm zu verstehen, daß er vollkommen ruhig zu sein und sich versteckt zu halten habe. Der Deutsche sei ein Arzt gewesen und habe ihm so das Leben gerettet.

Unser Gastgeber wischt sich nicht die Träne von seiner Wange. Er zeigt auf das Kafenion-Schild, das wir erst jetzt über dem Eingang seines Hauses sehen und sagt: „Da steht mein Name: Alekos Tsalakis. Ich danke Gott jeden Tag, daß mein Name hier und nicht drüben auf dem Denkmal steht."

Tod eines Dorfes

Ludwigsburg, Dezember 2000

Im April 1956 erhält der Oberstaatanwalt beim Landgericht Bonn folgendes Schreiben vom 10. des Monats aus Athen:

„Auf Grund des Gesetzes 2058 vom Jahre 1952 des Königreichs Griechenland stellt die Zentralstelle des Königlich Griechischen Nationalen Kriegsverbrecherbüros in Athen an den Herrn Oberstaatsanwalt beim Landgericht in Bonn oder an jeden anderen zuständigen Herrn Staatsanwalt im deutschen Bundesgebiet den Antrag, die Strafverfolgung in die Wege zu leiten (...).

Der deutsche Major v. C. – H. diente während der deutschen Besatzungszeit in Kreta und ist für folgende Kriegsverbrechen verantwortlich:

(...) Am 17. August 1944 hat er der ihm unterstehenden Wehrmachtsabteilung befohlen, große Massaker gegen die Einwohner des Dorfes *Sokaras*/Kreta durchzuführen, weil es bekannt wurde, daß die Einwohner dieses Dorfes griechischen Freischärlern Hilfe gewährten. In Ausführung dieses Befehls haben deutsche Soldaten siebenundzwanzig (27) griechische Einwohner des Dorfes *Sokaras* festgenommen und sie dann erschossen. (...)

Auf Befehl desselben Angeklagten wurden viele Häuser des Dorfes *Sokaras* ausgeplündert und nachher in Brand gesteckt. Desgleichen wurden mehrere Frauen und Kinder in einem Konzentrationslager eingeschlossen. (...)

Auf Grund der oben ausgeführten Tatbestandsmerkmale sowie der Ausfertigung der entsprechenden eidlichen Zeugenaussagenprotokolle hat die Interalliierte Kommission für Kriegsverbrecherangelegenheiten in London die Gesichtspunkte der griechischen Regierung betreffend Aufnahme der oben angeführten Personen in die Listen der Kriegsverbrecher des Krieges 1939 bis 1945 begründet befunden und die vorerwähnten Personen in die entsprechenden Listen eingetragen. (...)

Zum Schluß erklären wir Ihnen, Herr Oberstaatsanwalt, in Betracht der Tatsache, daß sowohl Sie wie auch uns die Verfolgung der gemeinen Verbrechen des Strafgesetzbuches, die während des Krieges begangen wurden und die den Angeklagten zur Last gelegt werden, interessiert, weil die Sache der Bekämpfung des Verbrechens und des Schutzes der Staaten gegenüber den Verbrechern eine Angelegenheit darstellt, die über die engen Hoheitsgrenzen eines jeden Staates hinausgeht und eine Weltbestrebung aller zivilisierten Völker und Staaten darstellt, daß wir uns Ihnen zur Verfügung halten, zum Zwecke einer Hilfeleistung an dem geplanten Werke der Verfolgung der Verbrecher des gemeinen Strafrechts, die sich im Gebiet unseres Landes eines Verbrechens schuldig gemacht haben."

Das Verfahren zur Aufklärung der Vorfälle in und um *Sokaras* wird im wesentlichen zu einem Verfahren gegen den Major v. C. Am 31. August 1959 erklärt der Angeschuldigte vor der Kriminalpolizei in Kassel zur Sache:

„Ich war Kommandeur der Panzeraufklärungsabteilung 122, und ich war vom 7. 8. 1943 bis zum 27. 9. 1944 in Griechenland. In diese Zeit fällt ein Aufenthalt in Kreta. Meines Wissens war ich von August 1944 bis 1. 9. 1944 auf Kreta. (...)

Ich kann mich erinnern, daß einmal durch die Division, der auch ich angehörte (22. I. D. Luftlandeeinheit), eine Aktion gestartet wurde, die sich gegen die griechische Bevölkerung richtete. Anlaß zu dieser Aktion waren Maßnahmen der Bevölkerung gegen deutsche Soldaten. Es waren damals 30 deutsche Soldaten beim Feuerüberfall ums Leben gekommen. Das in Frage kommende Gebiet wurde umstellt, die Bevölkerung wurde evakuiert, und die Männer der Dörfer wurden gefangengenommen. Ich kann keinen Ort nennen, die Ortsnamen sind mir entfallen. Es handelte sich um keine von mir befohlene Aktion. Der Befehl war von der Division gekommen, der damals ein General F. vorstand. Ich habe später einmal gehört, daß bei dieser Aktion Leute erschossen worden sein sollen. Ich habe derartiges nicht selbst gesehen und in meiner Gegenwart sind keine Erschießungen erfolgt. Ich weiß mich zu erinnern, daß Erschießungen von der Division befohlen worden waren, weiß aber hierüber keine Einzelheiten. Ich weiß auch nicht, ob einzelne Häuser oder ganze Ortschaften in Brand gesteckt wurden, denn ich habe hierzu keine Befehle von mir aus gegeben und war auch nicht zugegen, als Brände gelegt wurden. Von der Zahl 27 habe ich heute erstmals gehört. Ich halte es auch für ausgeschlossen, daß mir untergebene Offiziere aus eigener Initiative heraus solche Befehle erteilt haben. (...)

Der Name des Dorfes *Sokaras* ist mir nicht bekannt, und ich kann auch nicht mehr sagen, ob die von der Division befohlene Aktion am 17. 8. 1944 stattfand. Ich bestreite entschieden, jemals einen Befehl gegeben zu haben, wonach im Dorf *Sokaras* viele Häuser ausgeplündert und nachher in Brand gesteckt wurden. Auch ist von mir nicht befohlen worden, daß Menschen erschossen werden sollten oder in ein Konzentrationslager eingeliefert werden sollten. (...)

Es bestand für mich keine Möglichkeit, den Befehl der Division nicht auszuführen, da dies für mich erhebliche Gefahr (Erschießung) bedeutet hätte. Die Befehle des Festungskommandanten, General F. W. M., waren in dieser Hinsicht sehr eindeutig und unmißverständlich. (...)

Zusammenfassend kann ich sagen, daß mir die mir zur Last gelegten Vorgänge nicht bekannt sind. Von mir persönlich ist auch nie ein Befehl dieser Art erteilt worden. Wenn überhaupt Befehle an meine mir unterstellten Kompanien weitergegeben wurden, handelte es sich in jedem Fall um Befehle der Division. Aus diesen Gründen wurden ja auch die Generale Müller und Breuer in Athen vor Gericht gestellt und zum Tode verurteilt. Offenbar ist schon damals klargestellt worden, daß es sich bei den beiden genannten Generalen um die Schuldigen handelte. Ich für meine Person bestreite entschieden, daß ich mich im Sinne der gegen mich erhobenen Vorwürfe strafbar gemacht habe."

In einer eidlichen Vernehmung am 8. Mai 1945 erklärt der griechische Zeuge I. S. vor der Polizei in *Sokaras:* „Ich bin in der Lage, Ihnen zu sagen, daß am 16./17. August 1944 die Deutschen vom Dorf Asimi heranrückten, unser Dorf *Sokara-Monophatsiou* umstellten und uns in den frühen Morgenstunden allesamt, Große und Kleine, Frauen und Kinder, in der Schule versammelten; anschließend fertigten sie eine große Liste der Personalien an; während der Anfertigung der Liste vermerkten sie namentlich den Stand von siebenundzwanzig (27) Personen, die man dann von uns absonderte; man verbrachte sie an einen anderen Platz; dort unterwarf man sie den Folterungen; der uns bekannte Gestapo-Mitarbeiter N.-M. – der eigenhändig viele Hinrichtungen an Mitbürgern vollzogen hatte – erschien ebenfalls vor den 27 Personen, die von uns getrennt worden waren, und unterwarf sie großen Folterungen; es handelte sich um die nachstehenden Personen: (...)."

(hier folgt eine Auflistung aller 27 Betroffenen mit Vor- und Nachnamen)

„Diese brachte man zu einer Stelle namens Spoliara und dort richtete man sie alle durch Erschießen und Erstechen hin; tatsächlich wurden sie mit Stricken aneinander gefesselt gefunden; bei einzelnen von ihnen zeigte sich bei genauerem Hinsehen, daß man sie Folterungen unterworfen hatte; am darauffolgenden Tage nahm man Särge von Asimi und beerdigte sie an Ort und Stelle. (...)

Wir Verbliebenen – Männer sowie Frauen und Kinder – wurden aus der Schule herausgenommen; per Kraftwagen und zu Fuß brachte man uns nach Asimi, wo man uns in die Schule sperrte. Am folgenden Tag nahm man alle Männer zwischen 21 und 60 Jahren heraus, etwa hundert an der Zahl; mittels Kraftwagen gelangten wir nach Iraklion; dort wurden wir in das Konzentrationslager eingeliefert, wo wir 13 Tage verblieben und alsdann freigelassen wurden; doch ungewöhnlicherweise waren in Iraklion an die 18 Mädchen eingesperrt worden. Die übrigen Frauen und Kinder sowie die alten Leute wurden in Asimi festgehalten bis die Deutschen das Dorf verließen.

Die Deutschen, die das Dorf umzingelten und uns festnahmen und die Erschießungen vornahmen, zerbrachen die Türen und Fenster der Häuser und zerstörten die Ziegel der Dächer, raubten landwirtschaftliche Produkte und Haustiere in großer Zahl – die kleinen und die großen Haustiere – und richteten ohne irgendeinen Grund Verwüstungen in unserem Dorf an; als wir zurückkehrten, fanden wir in unseren Häusern absolut nichts mehr vor, nur die nackten Wände; Die geplünderten Gegenstände brachten sie nach

Asimi. Die Übeltäter, im vorliegenden Fall Deutsche, kenne ich nicht namentlich. Sie taten Dienst bei den zwei Einheiten, das ist: Kompanien, in Asimi; an der Plünderung nahmen aber auch die Deutschen von Charakos und Pyrgos teil. (...)

Die bedeutendste Rolle bei den Hinrichtungen spielte der Grieche N. M., damals Angehöriger der Gestapo, der immer mit den Deutschen Waffen trug und den Ihr jetzt verhaftet habt, nachdem seine regierungsfeindlichen Handlungen bekannt wurden, und in das Strafgefängnis von Iraklion einliefert. (...).“

Am 2. Februar 1960 erklärt der Zeuge A. Sch. vor dem Untersuchungsrichter in Herford:

„(...) In unserem Einsatzgebiet sind m. W. Widerstandsnester niemals festgestellt worden. Die Zivilbevölkerung der Insel unterstützte die Widerstandsbewegung in unterschiedlicher Weise. Es kam schon vor, daß den Widerständlern Unterkunft und Verpflegung gewährt wurde und daß die Widerständler Zivilisten mit Waffen versorgten. Hin und wieder schlossen sich auch wegen krimineller Vergehen Gesuchte der Widerstandsbewegung an, weil sie keinen anderen Unterschlupf fanden. Wegen der Tätigkeit der Widerstandsbewegung, die im wesentlichen aus Überfällen auf deutsche Soldaten bestand, wurden von der Festungskommandantur mehrmals Großeinsätze befohlen. Unsere Abteilung hat m. W. an zwei solcher Großeinsätze teilgenommen, beide außerhalb unseres eigentlichen Einsatzgebietes. Dabei wurden dann auch ganze Dörfer zerstört und Widerstandskämpfer erschossen. Es handelte sich ja dabei um ausgesprochene Kriegshandlungen. Daß es innerhalb unseres Gebietes einmal zur Zerstörung eines Dorfes und zur Erschießung mehrerer Personen gekommen wäre, ist mir nicht bekannt. Das Dorf *Sokara* ist mir nicht in Erinnerung. Wenn es in unserem Gebiet gelegen hat, dann an der westlichen Grenze zwischen Assimi und Moires. Assimi gehörte noch zu unserem Gebiet, Moires nicht mehr. Ich lag mit meiner Kompanie an der Ostgrenze unseres Einsatzgebietes. Welche Kompanie an der Westgrenze lag, weiß ich nicht mehr. (...)

Ich halte es nach der Persönlichkeit des Angeschuldigten für ausgeschlossen, daß er von sich aus jemals einen Befehl zur Erschießung von Einwohnern oder zur Zerstörung u. Plünderung eines Dorfes gegeben hätte. Der Feldgendarmerie traue ich allerdings die von den Zeugen geschilderten Vorfälle zu. An die Namen irgendwelcher Angehöriger der Feldgendarmerie kann ich mich leider nicht erinnern. Der Angeschuldigte und ich waren sogar bei der Feldgendarmerie unbeliebt, weil wir uns ständig gegen deren ungerechtfertigte und unmenschliche Maßnahmen gegenüber der Bevölkerung stemmten."

Der Zeuge H. C. am 15. März 1960 in Bremen: „Wer die Zerstörungen und Erschießungen vorgenommen hat, erfuhr ich damals nicht. Ich bin dann einmal einige Zeit danach mit einem Wagen des Stabs nach *Sokara* gefahren und stellte fest, daß das Dorf weitgehend zerstört war und daß verschiedenes Mobiliar abtransportiert wurde. Ob das von deutschen Soldaten gemacht wurde, kann ich jetzt nicht mehr sagen. Mir wurde auch gesagt, das Vieh solle weggetrieben und anderen Einwohnern zur Verfügung gestellt werden, niemand wolle aber das Vieh haben. Ich habe jedenfalls beobachtet, daß damals bei *Sokara* auch Soldaten unserer Abteilungen lagen, und zwar m. W. in einem Zeltlager außerhalb des Dorfes. Welcher Kompanie der Abteilung diese Soldaten damals angehörten, weiß ich nicht mehr. Meines Wissens fuhr damals mit mir ein gewisser Leutnant C. (Ordonanz-Offizier beim Stab) nach *Sokara*. (...)."

Der Zeuge H. am 21. April 1960 in Verden: „Von der Zerstörung des Dorfes *Sokara* habe ich nur gerüchtweise gehört; ich habe davon nichts selbst erlebt. Mir ist allerdings bekannt, daß der Angeschuldigte Befehl gegeben hatte, daß sich eine Reihe von Leuten unserer Abteilung unter Leitung der Geheimen Feldpolizei an dieser Aktion beteiligten. Von wem er den Befehl dazu erhalten hatte, weiß ich nicht genau. Ich möchte aber annehmen, daß die Geheime

Feldpolizei einen Befehl des Divisionskommandeurs überbracht hatte. Von welcher unserer Kompanien die Leute genommen wurden, kann ich ebenfalls nicht sagen, möglicherweise von der 1. Kompanie, weil diese in Assimi in der Nähe des Dorfes *Sokara* stationiert war. Ich möchte annehmen, daß der Angeschuldigte selbst mit den abgestellten Truppen nach *Sokara* gefahren ist, um zusammen mit der Feldpolizei die Aktion zu leiten. Irgendwelche Einzelheiten darüber, was sich dann in *Sokara* abgespielt hat, sind mir nicht berichtet worden. Ich habe von der gesamten Aktion nichts in unser Kriegstagebuch aufgenommen."

Am 22. April sagt der Zeuge R. L. vor dem Untersuchungsrichter in Lüneburg: „Die Zerstörung des Dorfes *Sokara* habe ich persönlich nicht miterlebt. Ich bin auch nach der Zerstörung niemals dort gewesen. Mir ist nur zu Ohren gekommen, daß das Dorf, weil es als Widerstandsnest galt, dem Erdboden gleichgemacht werden sollte. Ich glaube aber nicht, daß es voll zerstört worden ist. Ich habe nur gehört, daß sämtliche Einwohner evakuiert wurden. Ich hörte auch, daß es zu Kampfhandlungen gekommen sei, wobei einige Einwohner gefallen sind. (...)

Wer die ganze Aktion angeordnet hat, weiß ich ebenfalls nicht. Wahrscheinlich ging sie von der Geheimen Feldpolizei aus. Truppen aus unserer Abteilung und, wie ich gehört habe, auch des Grenadierregiments 65 aus Iraklion müssen dann wohl im Zusammenwirken mit der Feldpolizei die Aktion durchgeführt haben. Ob der Einsatzbefehl für unsere Truppen lediglich von dem Angeschuldigten gegeben wurde, oder er auf Befehl einer höheren Dienststelle handelte, weiß ich nicht."

General a. D. H. F. am 26. April 1960 vor dem Untersuchungsrichter in Ulm: „Innerhalb meines Divisionsgebietes sind solche Maßnahmen weder von mir selbst, noch vom Festungskommandanten jemals befohlen worden. (...) Insbesondere ist mir von der Zerstörung des Dorfes *Sokara* – heute nach 16 Jahren – nichts mehr bekannt, obwohl ich glaube, daß ich einen solchen Vorfall in Erinnerung behalten hätte. Ich kann mich jedenfalls nicht erinnern, dem Angeschuldigten einen Befehl zur Zerstörung des Dorfes und zur Erschießung von Einwohnern von mir aus gegeben oder einen solchen Befehl des Festungskommandanten weitergeleitet zu haben. Ich kann mich auch nicht erinnern, daß der Angeschuldigte eine Meldung über eine Zerstörung des Dorfes und Erschießung der Einwohner gemacht hätte. Wenn die Truppe das Dorf im Zuge von Kampfhandlungen gegen Partisanen eingenommen hätte, und es dabei während der Kämpfe Tote gegeben hätte, dann wäre das allerdings nicht eine so besondere Angelegenheit gewesen, daß ich sie unbedingt im Gedächtnis behalten hätte. Wenn es also tatsächlich auf Grund objektiver Beweismittel feststeht, daß das Dorf zerstört und Einwohner erschossen wurden, dann kann ich mir nur denken, daß das im Zuge einer normalen Kampfhandlung geschehen ist."

Das folgende Dokument ist unter RW 40/169 im Bundesarchiv-Militärarchiv Freiburg zu finden:

```
Kommandant der Festung Kreta          14.8.44.

Betr.: Vergeltungsmaßnahmen.

1.) Die zahlreichen Überfälle auf deutsche
    Kraftfahrzeuge, kleine Kommandos usw. mit
    erheblichen eigenen Verlusten in letzter
    Zeit erfordern scharfes Zupacken von Seiten
    der Divisionen, um der griech. Bevölkerung
    unseren Willen aufzuzwingen und zu bewei-
    sen, daß wir unsere Macht auf der ganzen
    Insel durchsetzen können. Hierzu kann jetzt
    keine Zurückhaltung mehr gegenüber nicht-
    schuldigen Männern, Frauen und Kindern ge-
    übt werden. Schnelles Handeln ist die erste
    Bedingung für erfolgreiches, kraftvolles
    Durchsetzen.
```

2.) Bei erneuten Überfällen auf deutsche Soldaten sind die in Betracht kommenden, in der
   Nähe liegenden Ortschaften durch zusammen-
   gefaßte Feuerschläge der Artillerie überra-
   schend zu beschießen. Es kann zweckmäßig
   sein, einige Zeit nach dem Beschuß mit eigenen Truppen die Dörfer zu umstellen, um
   die etwa aus den Bergen zu Hilfe herbei ge-
   eilten Banditen hierbei zu fangen.
3.) Als weitere Maßnahme kommt in Frage, Dörfer
   mit besonders feindseliger Bevölkerung völlig zu evakuieren und dem Erdboden gleichzumachen. Entsprechende Absichten sind
   rechtzeitig an Kdt.d.Festg.Kreta zu melden,
   um die wirtschaftlichen Angelegenheiten regeln zu können.
(...)
5.) Eine Aufklärungsaktion in der griech. Presse wird eingeleitet.
   Durch rücksichtsloses Zufassen muß erreicht
   werden, daß die Tätigkeit der Banditen we-
   sentlich eingeschränkt wird.

Im Staatsarchiv Nürnberg befindet sich die Kopie eines geheimen Berichts des Frontaufklärungstrupps 382 St. P.
Chania – Nr. 1055/44 vom 28. August 1944. Darin heißt es:

„In der Messaraebene wurde das Hauptquartier
dieses Bezirks in dem Dorf S o k a r a (31 km S
Iraklion) ermittelt. Bei einer Aktion in Verbindung mit der Truppe wurde am 16./17. 8. der
Ort umstellt und 29 Kommunisten festgenommen.
Als Sühnemaßnahmen für Überfälle auf Angehörige der eingesetzten Einheit wurden 27 Mann erschossen. Die Rädelsführer werden nach abge-
schlossener Vernehmung ebenfalls der Truppe

zur Exekution im Zuge der Sühnemaßnahme über-
stellt.

gez. D.....

Feldpolizeikommissar
und Einheitsführer"

Dieser Feldpolizeikommissar sagt am 17. Mai 1960 vor dem
Untersuchungsrichter in Kassel: „Ich war von Anfang April
bis Ende August/Anfang September 1944 als Führer der
Geheimen Feldpolizei auf der Insel Kreta. (...) Es ging im
allgemeinen so vor sich, daß meine Dienststellen durch ihre
griechischen Agenten Material über Partisanen (wir unterschieden streng zwischen kommunistischen und nationalen Partisanen) sammelten und dieses Material dem Ic der
Division zur weiteren Veranlassung vorlegten. (...) Es ist aber
ausgeschlossen, daß die Erschießungsbefehle oder gar die
Durchführung der Erschießungen von Angehörigen der
Geheimen Feldpolizei vorgenommen worden sind. (...) Der
Erschießungsbefehl für die 27 Einwohner von *Sokara* muß
also wohl von einem der beteiligten Truppenkommandeure
oder auch unmittelbar von einem Stabsoffizier der Division gegeben worden sein."

Der Angeschuldigte v. C. am 5. Mai 1960 vor dem Untersuchungsrichter in Kassel: „Das Dorf *Sokara* galt für uns
von je her als ein Schlupfwinkel von Kommunisten und
Banden. Ich hatte allerdings mit den Ermittlungen der Geheimen Feldpolizei zu diesem Punkte nichts zu tun gehabt.
Jedenfalls ist wohl dann am 16. 8. 1944 ein Mitglied der
geheimen Feldpolizei bei mir erschienen und hat erklärt,
daß er Befehl habe, eine Aktion gegen das Dorf *Sokara* zu
starten, und daß er dazu der Unterstützung durch meine
Truppe bedürfe. Ich konnte mich solch einer Aufforderung
der Feldpolizei nach den bestehenden Befehlen nicht wi-
dersetzen. Ich bin aber überzeugt, daß ich damals nachge-
prüft habe, ob die Feldpolizei eine solche Aktion wirklich
starten dürfte, und zwar entweder dadurch, daß ich mir
von dem Feldpolizisten seinen schriftlichen Befehl zeigen

ließ, oder aber dadurch, daß ich von mir aus bei der Division zurückgefragt habe. Ich hätte auf keinen Fall einer bloßen mündlichen Aufforderung eines Feldpolizisten von mir aus Folge geleistet. (...)

Ich habe dann wohl angeordnet, daß Leute der Kompanie, die in Assimi lag, (unsere Garnison in Assimi lag dem Dorf *Sokara* am nächsten) zu dieser Aktion abgestellt wurden. Ich glaube mich auch daran zu erinnern, daß ich selbst nach *Sokara* gefahren bin, um den Einsatz meiner Truppe zu überwachen. Ich bin aber sicherlich erst zu einem späteren Zeitpunkt dorthingekommen, als die Einwohner schon gefangengenommen waren. Den Befehl zur Erschießung von 27 Personen habe ich persönlich auf keinen Fall gegeben. Ich weiß heute auch nicht mehr, ob diese Anordnung in meiner Gegenwart von der Feldpolizei getroffen worden ist. Ich weiß auch nicht mehr, ob die Exekution von Truppen meiner Abteilung oder von Feldpolizisten durchgeführt worden ist. Ich selbst war bei den Erschießungen auf keinen Fall zugegen. So etwas würde ich in meinem ganzen Leben nicht vergessen haben. Eine Befehlsverweigerung wäre ohne Gefahr für Leib und Leben für mich nicht möglich gewesen. (...) In meinem Notizbuch aus der damaligen Zeit befindet sich unter dem 16. 8. 1944 die Eintragung: „*Sokara* Kommunistenbande ausgehoben.'"

Der ehemalige I. c. Offizier der 22. Infanterie-Division wird am 15. Juni 1960 vom Untersuchungsrichter in Kassel als Zeuge vernommen. Dort macht er unter anderem folgende Aussage: „Mir ist bekannt, daß im August 1944 als Gegenmaßnahme gegen die außerordentlich starke und hinterhältige Partisanentätigkeit eine Reihe von Dörfern zerstört worden sind, teilweise auch deshalb, weil man zu dieser Zeit erst erfahren hatte, daß jene Dörfer den entführten General Kreipe beherbergt und seinen Entführern Unterschlupf gewährt hatten. Diese Zerstörungsaktionen wurden meiner Erinnerung nach zentral vom Festungskommandanten und nicht von den einzelnen Divisionskommandeuren angeordnet. Nachdem mir die Namen der 13 auf Blatt 215 d. A. aufgeführten Dörfer vorgelesen worden sind, so erinnere ich mich im Augenblick nur noch an Anojia. Dieses Dorf lag im Grenzgebiet zwischen unserer und der Nachbardivision. An das Dorf *Sokara* erinnere ich mich nicht; ich höre diesen Namen heute zum ersten Mal. Mir ist im einzelnen nicht bekannt geworden, daß und wieviel Einwohner dieser Dörfer erschossen worden sind. Wenn der Angeschuldigte behauptet, mich auch in diesem Fall angerufen und um Bestätigung des ihm von einem Angehörigen der Geheimen Feldpolizei überbrachten Befehls gebeten zu haben, dann ist das unrichtig."

Der Zeuge W. A. berichtet am 25. Oktober 1960 vor dem Untersuchungsrichter in Kassel: „Nachdem mir der bisher ermittelte Sachverhalt in großen Zügen vorgehalten worden ist, erinnere ich mich jetzt an folgendes: Ich erhielt eines Tages, wohl im August 1944, einen Befehl, einen Zug oder eine kleinere Einheit meiner Kompanie zur Mithilfe bei der Partisanenbekämpfung nach *Sokara* abzustellen. Von wem dieser Befehl kam, weiß ich heute nicht mehr, den Umständen nach kann er aber nur von der Abteilung gekommen sein. Es ist gänzlich unwahrscheinlich, daß der Befehl unmittelbar von der Division kam, oder daß ein Hilfeersuchen von einem Angehörigen der Geheimen Feldpolizei an mich herangetragen worden wäre. So etwas Außergewöhnliches hätte ich sicher noch in Erinnerung. Wer den Zug, der nach *Sokara* abgestellt wurde, geführt hat, weiß ich heute nicht mehr. (...) Ich selbst bin jedenfalls nicht mit nach *Sokara* gegangen."

Am 4. Oktober 1960 erklärt dann der Angeschuldigte vor dem Untersuchungsrichter in Kassel: „Zu der Aktion von *Sokara* möchte ich folgendes sagen: (...) Am nächsten Morgen begab ich mich dann selbst nach *Sokara* und traf dort den Zug der Kompanie A. und etwa drei Angehörige der Geheimen Feldpolizei an. Die Einwohner des Dorfes (etwa 200) waren bereits gesammelt und wurden von meinem Zug bewacht. Ich fragte dann den Führer der Feldpolizisten, wohl einen Wachtmeister, was nun zu geschehen habe. Er erklärte mir, daß bei einer Reihe von Leuten Waffen gefunden worden seien und daß diese Leute erschossen werden müßten. Er sagte dann, der Erschießungsbefehl müsse von einem Offizier gegeben werden. Da mir bei der Besprechung vom Vortage Oberst E. ausdrücklich gesagt hatte, daß Leute, bei denen Waffen gefunden worden seien, erschossen werden müßten, und ich der einzige Offizier am Platze war, habe ich dann diesen Befehl gegeben. (...) Wenige Tage später traf ich den Festungskommandanten, General Müller, der mich auf die Aktion ansprach und mir erklärte, ich hätte richtig und auf seinen ausdrücklichen Befehl gehandelt. (...) Diese Unterredung muß nach meiner Eintragung in meinem Kalender spätestens am 3. 9. 1944 stattgefunden haben, denn unter diesem Datum habe ich eingetragen: ‚Abschiedsessen bei General Müller'. Wenn ich damals den Erschießungsbefehl nicht gegeben hätte, wäre das Leben der Leute sicherlich nicht zu retten gewesen. Mir selbst hätten höchstwahrscheinlich dienstliche Nachteile, wenn nicht ein Kriegsgerichtsverfahren wegen Begünstigung des Feindes gedroht."

Am 21. Februar 1961 wiederum erklärt der Angeschuldigte v. C. : „Ich glaube aber, die Befehle zur Aktion in *Sokara* direkt von der Division bekommen zu haben."

Der militärische Vollzug der „Aktion" ist in einem schriftlichen Bericht vom 12. September 1944 bestätigt, der im Nürnberger Staatsarchiv liegt.

Am 27. Mai 1961 beschließt die Strafkammer 1 des Landgerichts in Kassel auf Antrag der Staatsanwaltschaft: „Der Angeschuldigte wird außer Verfolgung gesetzt. Die Kosten des Verfahrens trägt die Staatskasse."

In der Begründung heißt es unter anderem: „In der Tat hat nach herkömmlicher Rechtsauffassung die an der Guerillakriegführung beteiligte Zivilperson, gerät sie in Gefangenschaft, ihr Leben verwirkt. Sie unterliegt, nachdem ihr unprivilegierter Status durch die Truppe festgestellt worden ist, der Exekution nach Kriegsbrauch, d. h. auf der Stelle. (...) Seit der Genfer Konvention von 1949 gehört der

Rechtsbegriff der ,Exekution nach Kriegsrecht', ,auf der Stelle' der Vergangenheit an."

Der Richter folgt dieser Rechtsauffassung, weist aber darauf hin, „daß im Jahre 1944, als die 27 Männer aus *Sokara* erschossen wurden, die Exekution nach Kriegsbrauch durchaus noch ein Bestandteil des völkerrechtlichen Gewohnheitsrechts gewesen sein kann. Jedenfalls ist das Gegenteil nicht festzustellen. Bei dieser ungewissen Rechtslage ist es aber unmöglich, dem Angeschuldigten vorzuwerfen, der Befehl des Festungskommandanten sei verbrecherisch gewesen, und er habe davon Kenntnis gehabt. Hierbei ist auch zu berücksichtigen, daß den deutschen Befehlshabern und Offizieren kein militärisches Handbuch über die geschriebenen und gewohnheitsrechtlichen Regeln des Kriegsrechts zur Verfügung stand, wie es z. B. die britischen und amerikanischen Offiziere besaßen. Dieser Mangel mag die verantwortlichen deutschen Stellen schwer belasten. Dem Angeschuldigten aber, dem das Bewußtsein der etwaigen Rechtswidrigkeit des fraglichen Erschießungsbefehls nachgewiesen werden muß, ist er zugute zu halten.

Wegen der Zerstörung des Dorfes *Sokara*, der Vertreibung seiner Bewohner und der vorübergehenden Inhaftierung einzelner Einwohner kann der Angeschuldigte schon deshalb nicht zur Rechenschaft gezogen werden, weil die Strafverfolgung insoweit verjährt ist."

Zeitrevolte

Angst, Schmerz und Entwürdigung kennen keine Chronologie. Sie reichen in die Zeitlosigkeit der Hölle hinab. Krieg ist Chaos. Er hält sich an keinen Kalender. Du kriegst den Krieg nicht auf die Reihe. Wer will ihn zählen oder messen? Er ist maßlos, kennt kein Maß. Sein Toben ist unermeßlich. In tausenden von Kriegstagebüchern, Frontberichten, Vernehmungsprotokollen und Divisionstagebüchern haben sie versucht, Tod und Schrecken zu numerieren. Vergessen aber haben sie die Millionen Krater in den Seelen der geschundenen Menschen. Nein, die Greueltat hat nicht nur *ein* Datum, das irgendwann einmal verlöscht, das mit dem abgerissenen Kalenderblatt weggeworfen wird. Nein, sie zieht unzählige Daten nach sich. Tausendmal noch werden die geliebten Menschen in der Erinnerung aufgewühlter Gedanken sterben, an der Erschießungsmauer, im brennenden Haus, unter Folterungen und Demütigungen. Oft noch wird der Todesschuß aufblitzen und die Seele durchzukken. Der Schmerz über die tödliche Schändung des eigenen Kindes wird für immer trostlos bleiben. Nie verblassen wird das Bild des mit allen Habseligkeiten verbrennenden Hauses.

Noch tausendmal wird der Tod des Geliebten beweint. Immer wieder muß der Vater in der Erinnerung des Jungen unter den Schlägen des widerlichen Soldaten sterben. Als wäre es gestern gewesen. Als geschehe es heute. Nie werden die bitteren Wunden der Denunziation verheilen. Es war nicht nur gestern. Es wird auch morgen schmerzen. Oft dauert es Jahrzehnte, bis die letzten Minen geräumt sind. Jahrhunderte aber bleiben die Kriege im Gedächtnis der Menschen. Die Zeit rebelliert. Sie läßt sich in kein Kalendarium zwingen. Heute und morgen greift die Vergangenheit ins Leben. Hier und jetzt schmerzt die sechzigjährige Wunde. Jede Nacht schleichen die Angstträume heran. Überall und jederzeit kann der Krieg seine Opfer einholen, himmelschreiend, chronisch. Seine Schatten sind länger als das untergehende Licht historischer Fakten.

Rattenfänger

Ludwigsburg, im Januar 2001

Immer wieder stoße ich auf Dokumente, die eine menschenverachtende Sprache bekunden. Der Feind war für die deutschen Besatzer Ungeziefer.

Chefsache!
Kdt.d.Festg.Kreta   23.8.1944/Ia

Betr.: Durchsuchung aller Städte der Insel.

1.) In einer gemeinsamen grossen Aktion werden
    alle Städte der Insel auf verdächtige Per-
    sonen durchsucht (Nikolaos, Neapolis,
    Iraklion, Rethimnon, Chania)

    Stichwort: R a t t e n f ä n g e r .
    Zeitpunkt wird 1/2 Tag vorher befohlen.
    Beginn am X-Tag um 8.00 Uhr.
    Vorbereitungen sind bis 30.8.
    abzuschliessen.
2.) Um die Aktion mit möglichst grossem Erfolg
    durchzuführen, sind alle irgend verfügbaren
    Truppen einschl. Alarmeinheiten aller
    Wehrmachtsteile anzusetzen. Auch die gesam-
    te Belegschaft der Städte ist heranzuzie-
    hen, jedoch unter schärfster Beachtung der
    Geheimhaltung (Nur durch Offiziere zu bear-
    beiten)!.
3.) Die Städte sind in durchlaufender Linie zu
    umstellen.
    Gleichzeitig sind die einzelnen Stadtvier-
    tel durch Postenlinien abzusperren, um den
    Querverkehr in den Städten zu unterbinden.

Der Aufmarsch zur Umstellung ist in kürzester Zeit durchzuführen. Es muss bis 8.00 Uhr beendet sein.
Jeder Zivilverkehr ist zu unterbinden und kann stadtteilweise nach der Durchsuchung freigegeben werden.
Wehrmachtsverkehr läuft weiter, ist jedoch scharf zu prüfen.

4.) Sodann sind die einzelnen Stadtteile zu durchsuchen. Es darf kein Haus, Keller, Stall, Scheune, Winkel usw. ausgelassen werden. Auf versteckte Luken usw. ist zu achten.
Zweck der Durchsuchung ist in erster Linie das Ergreifen verdächtiger Männer. Da sich nachweislich auch Banditen oder Agenten in deutscher oder italienischer Uniform in den Städten aufhalten, sind auch die Papiere aller Wehrmachtsangehörigen zu überprüfen. Zivilarbeiter, die in lebenswichtigen oder Betrieben der Wehrmacht arbeiten, sind bevorzugt zu überprüfen und freizulassen.
Dazu sind einige Vordrucke vorzubereiten, die nur mit Personalausweis für diesen Tag Gültigkeit haben. Einheitlicher Dienststempel!
Nur in verdächtigen Häusern sind Schränke auf Waffen, Prop.-Material, Wehrmachtsgut usw. zu untersuchen.. Die Durchsuchung ist in enger Zusammenarbeit mit der G.F.P. vorzubereiten und durchzuführen.
Die Durchsuchung muß bei Einbruch der Dunkelheit abgeschlossen sein. Einteilung der Strassenzeilen und Anzahl der Suchkommandos ist sorgfältig in Einklang zu bringen.
Grosse Sammelplätze mit scharfer Bewachung sind vor Beginn der Durchsuchung festzule-

gen, Abtransport der festgenommenen Personen in sicheren Gewahrsam ist vorzubereiten, ggf. Kfz. bereitzustellen.
5.) Die Truppe ist eindringlich zu belehren,
dass Plünderung und Diebstahl schärfstens
bestraft wird, da sie das Ansehen der deutschen Wehrmacht untergraben.
Als Führer der Suchkommandos sind zuverläs-
sige Leute einzuteilen.
6.) Die Hafen- und Strandgebiete unter Ein-
schaltung der Hafenkommandanten ebenfalls
abzusperren.
Für den X-Tag wird für die ganze Insel
Funkstille befohlen.
(...)

gez. M ü l l e r.

„Abschiedsfest – Sommernachtstraum"

Ludwigsburg, Mitte Januar 2001

Unendlich viele Seiten des kretischen Gästebuches haben
die Deutschen besudelt. Längst stehen die Greueltaten in
den Annalen der Geschichte. Und sie bleiben eingraviert
im Gedächtnis der Generationen. Aber aktenkundig gemacht wurden sie von der Wehrmacht selbst. Im Bericht
des „Frontaufklärungstrupps 382" vom 7. September 1944
ist festgehalten, daß 13 Dörfer zerstört, rund 500 Banditen
erschossen und 1000 Personen festgenommen wurden.
Diese größte und rabiateste Strafexpedition der Besatzungsmacht erfolgte unter dem zynischen Decknamen „Abschiedsfest – Sommernachtstraum".

Im Untersuchungsverfahren gegen fünf Angeschuldigte dieser Strafaktion stellt der Oberstaatsanwalt beim Landgericht Bremen am 30. November 1961 den Antrag auf „Ausserverfolgungsetzung". Ausschließlich aus dieser 106 Seiten umfassenden Schrift ist das Folgende zitiert:

„Im Mai 1941 wurde Kreta unter Generaloberst Student genommen. Kreta wurde zur Festung erklärt und erhielt einen Kommandanten. Der Kommandant hatte seinen Sitz in der Stadt Chania. Die 10./733 unter Leutnant K. wurde als Bataillons-Reserve häufig zu Bandeneinsätzen auf der Insel herangezogen; sie fungierte insofern als eine Art ‚fliegender Feuerwehr' gegen die Partisanen, und der Kompaniechef K. hatte infolgedessen bei der Truppe den Spitznamen ‚Bandenmartin'. (...)

Zur Besatzung auf der Insel Kreta gehörten ferner Einheiten der Feldgendarmerie und der Geheimen Feldpolizei. Die Feldgendarmerie hatte vorwiegend Ordnungs- und Abwehraufgaben, (...) diente aber auch bei Sondereinsätzen, insbesondere bei der Partisanenbekämpfung. Zur Bekämpfung der Partisanentätigkeit setzte die Geheime Feldpolizei ‚V-Leute' ein und führte sog. Fahndungsbücher, in die verdächtige Bandenangehörige und Bandenhelfer aufgenommen wurden. Angehörige der Geheimen Feldpolizei wirkten bei Partisaneneinsätzen mit. Auch das Infanterie-Sicherungs-Bataillon wurde zu Partisaneneinsätzen herangezogen. Im Bereich des Grenadier-Regiments 746 waren verschiedene Angehörige zu Partisaneneinsätzen, bei denen auch Erschießungen erfolgten, angestellt. (...)

Verantwortliches oberstes Befehlsorgan war daher für solche Einsätze grundsätzlich der Kommandant der Festung. Dieser regelmäßige Befehlsweg von der übergeordneten an die nachgeordnete Einheit wurde jedoch auf Kreta – wie auch anderswo –, insbesondere bei der Partisanenbekämpfung nicht selten durchbrochen. Sofern die Divisionen selbst Partisaneneinsätze unternahmen, bedurften sie dabei jedenfalls des Einverständnisses des Festungskommandanten zu etwaigen Vergeltungsmaßnahmen. (...)

Die Partisanentätigkeit auf Kreta im Sommer 1944.

Nach der Kapitulation Italiens im September 1943 und mit zunehmender Verschlechterung der militärischen Lage Deutschlands im Jahre 1944 nahm auch die Partisanentätigkeit auf der Insel erheblich zu. Große Teile der Zivilbevölkerung beteiligten sich an dem Mitte 1944 immer stärker werdenden Partisanenkrieg gegen die deutsche Besatzung. (...)

Durch Zusammenwirken englischer Kommandotruppen und kretischer Partisanen gelang am 26. 4. 1944 die Entführung des Kommandeurs der 22. Infanterie-Division, General Kreipe. Dieser wurde zwischen Ano-Archane und Knossos, südlich Iraklion, überfallen, gefangen genommen und auf einem Schiff nach Afrika gebracht. (...)

Die Verluste an Toten und Material, die der deutschen Besatzung durch die Partisanen zugefügt wurden, waren beträchtlich. Wegen der zunehmenden Partisanentätigkeit wurde auf der Insel im August zweimal, vom 14.-19. und 24.-26., Alarmstufe I gegeben. (...)

Die einzelnen Aktionen zur Partisanenbekämpfung auf Kreta im Sommer 1944.

a) Suchaktion Kreipe

Im Anschluß an die Entführung des Generals Kreipe wurde vom Kommandanten der Festung eine Suchaktion angesetzt

b) Vergeltungseinsatz gegen *Anogia*

Am 13. 8. 1944 erließ der Kommandant der Festung einen Befehl, der sich mit einem Vergeltungseinsatz gegen Anogia befaßte. Diesen Befehl zitiert auch die richterliche Ratskammer, Athen, in ihrem Anklage- und Eröffnungsbeschluß Nr. 16/1946. Anogia wurde, dem Befehl entsprechend, zerstört. Das Dorf wurde nach Evakuierung in Brand gesteckt. (...)

c) Die Aktion ‚Abschiedsfest – Sommernachtstraum‘

In der zweiten Augusthälfte 1944 wurden von den deutschen Truppen neben Anogia noch folgende Ortschaften zerstört: Kuneni, Limni, Floria (Krs. Chania), Sokara, Sirikari, Faleriana und ferner: *Wrysses, Kria Wrissi, Gurgudi, Jera-*

kari, Ano Meros sowie *Koxare*. Die letztgenannten Ortschaften wurden durch einen Einsatz zerstört, der den Decknamen ‚Abschiedsfest – Sommernachtstraum' trug. (...) (Am Rande ist vermerkt, daß dies durch einen Kriegstagebuch-Eintrag, durch Zeitungsausschnitte und durch einen Bericht des Frontaufklärungstrupps belegt ist.)

Wesentliche Aufschlüsse über diese Aktion vermittelt das Tagebuch S.:

‚21.VIII. Einsatzbesprechung für ‚Abschiedsfest-Sommernachtstraum'. Ich führe ‚Abschiedsfest' mit Teilen meines Battaillons. (...) Am Abend Abfahrt in die einzelnen Bereitstellungsräume. Die Orte *Jerakari, Gurgudi, Wrysses, Ano-Meros* und *Kria-Wrissi* sind zu zerstören als Vergeltungsmaßnahme. In den betreffenden Orten werden bekannte Banditen gefunden, 139 erschossen. (...) In der Nacht Verschiebung nach *Koxare*.

29. VIII. Wird am gleichen Tag noch zerstört. (...)'

Solche größeren Aktionen, vor allem Vergeltungsaktionen, wurden regelmäßig vom Kommandanten der Festung angeordnet. Dies zeigt u. a. auch der Befehl gegen Anogia. Auch die Beteiligung von Feldgendarmerie und Geheimer Feldpolizei ist ein Anzeichen für die Befehlsgebung seitens des Kommandanten, weil erstere den Divisionen, letztere nur dem Kommandanten unterstanden. (...)

Der Einsatz ‚Abschiedsfest' wurde als ‚Vergeltungsmaßnahme' befohlen und durchgeführt. Die Entführung des deutschen Generals wurde – jedenfalls teilweise – als der eigentliche Anlaß zu dem Unternehmen bezeichnet, sie war jedoch, wie die verschiedenen Verlautbarungen der Besatzungsmacht ergeben, nicht der einzige Grund. Sie sollte vielmehr als ‚Gegenmaßnahme' gegen die Mitte 1944 erheblich zunehmende und vor allem vom Ida- und Kedrosgebirge ausgehende Partisanentätigkeit insgesamt dienen. (...)

Der Befehl des Kommandanten hatte zum Inhalt, die genannten fünf Dörfer zu zerstören, nachdem sie evakuiert worden waren, und eine bestimmte Anzahl der wehrfähigen männlichen Bevölkerung zu erschießen, wofür, soweit

möglich, zunächst ‚Bandenangehörige' und ‚Bandenver-
dächtige' heranzuziehen waren. (...)

Die Bewohner der betroffenen griechischen Ortschaften
bekunden fast ausnahmslos, daß in den Orten jeweils eine
bestimmte Anzahl von Männern erschossen worden sei. Wie
hoch die Zahl der angeordneten Erschießungen im einzelnen war, ist nicht geklärt. Wahrscheinlich waren es 30. (...)

Der Angeschuldigte S. läßt sich dahin ein, ihm sei vor
dem Einsatz ‚Abschiedsfest' ein schriftlicher Befehl vom
Kommandanten oder der Division vorgelegt worden, in dem
genau angegeben gewesen sei, welche Dörfer zerstört und
wieviele Männer jeweils erschossen werden sollten. Wie die
Ausarbeitung und Weitergabe des Einsatzbefehls ‚Sommernachtstraum – Abschiedsfest' tatsächlich erfolgte, konnten
die Ermittlungen nicht aufklären. (...)

Die gesamte Kampftruppe von etwa 500 Mann, die den
Einsatz durchzuführen hatte, stand unter dem Kommando
des Angeschuldigten S. Dieser hatte sich am 20. 8. 1944 freiwillig zur Führung des Einsatzes gemeldet. Die Kampftruppe
war in vier Kompanien und eine Reserve-Kompanie einge-
teilt worden. (...)

Im Morgengrauen des 22. 8. wurden die einzelnen Ortschaften umstellt. Widerstand von seiten der Partisanen oder
der Einwohner erfolgte nicht. (...)

(I.) Der Einsatz: *Jerakari*:

(...) Nachdem der Ort umstellt und besetzt war, wurde
er evakuiert, und eine Anzahl Männer wurde sodann von
Angehörigen der Feldgendarmerie oder Geheimen Feldpolizei anhand von Listen verhört und in einem Haus fest-
gesetzt. Diese Männer wurden nachher erschossen. (...)

(II.) Der Einsatz *Kria-Wrissi*:

Nach der Besetzung des Ortes wurden von Feldgendarmerie und Geheimer Feldpolizei anhand von Listen Männer ausgesondert und verhaftet. Genaue Feststellungen darüber, ob und welche der Erschossenen sich an Partisanen-
aktionen beteiligt hatten, sind unmittelbar vor der Erschießung aller Wahrscheinlichkeit nach nicht getroffen worden,

so daß jedenfalls großenteils Unschuldige oder nicht nachweisbar Schuldige erschossen wurden. Nachforschungen führten damals zu dem Ergebnis, daß von Kria-Wrissi Partisanentätigkeit ausging, und die Entführung des Generals Kreipe u. a. von hier unterstützt wurde. Während die übrige Bevölkerung auf LKWs aus dem Ort transportiert wurde, wurden die Männer des Ortes in die Schule gebracht; möglicherweise wurden die Männer jedoch auch in der daneben stehenden Kirche des Ortes festgehalten. (...)

Am frühen Nachmittag desselben Tages wurden die Griechen von einem Posten aus der Kirche oder Schule heraus und auf das danebenstehende Gebäude mit dem Tor zugeführt. Vor diesem Toreingang stand der Angeschuldigte K., zu dem später noch der Angeschuldigte B. hinzukam. Seitlich des Toreingangs standen zwei deutsche Posten. Den jeweils einzeln aus der Kirche tretenden Griechen wurde dann bedeutet, auf das geöffnete Tor zu zu gehen. Der Angeschuldigte K. ging in kurzer Entfernung hinter ihm her und schoß dem Griechen unmittelbar vor oder im Toreingang mit einer Pistole, die er aus der Jackentasche zog, in den Hinterkopf. Der Angeschuldigte K. gibt zu, eine Anzahl Griechen erschossen zu haben. Im übrigen läßt er sich dahin ein, er habe die Griechen nicht mit der Pistole, sondern mit einer Maschinenpistole erschossen, und dies sei im Toreingang geschehen, so daß die Erschossenen sogleich in das Kellerloch hinter dem Türeingang gefallen seien. (...)

Der Zeuge Sch. meint, erfahren zu haben, daß bei dem Unternehmen ('Abschiedsfest') unter Führung S. s in jeder der Ortschaften 30 Männer erschossen wurden. Das Gebäude mit dem großen Tor neben der Kirche oder Schule, in dem sich die Erschossenen befanden, wurde anschließend in Brand gesteckt.

(III.) Der Einsatz *Wrysses:*

Nach der Umfassung und Besetzung des Ortes unter Leitung des Angeschuldigten B. wurden von der Feldgendarmerie oder Geheimen Feldpolizei 10 bis 15 Männer ausgesondert und die übrigen Bewohner mit ihren Habseligkeiten evakuiert. Von diesen wurden nach einer Vernehmung etwa die Hälfte freigelassen; etwa 8 Männer wurden sodann erschossen. Den Befehl zur Erschießung gab der Angeschuldigte B. Die Exekution fand am Rande des Dorfes in einer unterkellerten Ruine statt. An der Hinrichtung beteiligten sich etwa 4 bis 6 Angehörige der 14./733. Die Griechen mußten sich jedenfalls zu zweit an den Eingang der Ruine stellen und wurden von jeweils zwei Schützen mit Karabinern aus kurzer Entfernung durch Genickschüsse getötet. (...) Der Angeschuldigte gesteht, den Befehl zur Erschießung erteilt zu haben.

Das Ergebnis des Einsatzes ‚Abschiedsfest'

Aus dem Tagebuch S. ergibt sich, daß bei dem Einsatz ‚Abschiedsfest' am 22. 8. insgesamt 139 Personen erschossen wurden. Außer den fünf genannten Dörfern wurde von der Kampfgruppe am 29. 8. noch das Dorf *Koxare* aufgrund eines Funkbefehls als Vergeltungsmaßnahme für die Beschießung der Kompanie K. auf der Anfahrt zum Einsatz zerstört (...). Da der Angeschuldigte S. seine Tagebucheintragungen aufgrund der als Einsatzleiter erhaltenen Vollzugsmeldungen vorgenommen hat, bilden sie eine objektive Wiedergabe der Einsatzergebnisse. (...)

Im Beitrag zum Kriegstagebuch für die Zeit vom 13. 8. bis 10. 9. 1944 vom Stab des Kommandanten der Festung heißt es: ‚Folgende 13 Dörfer wurden zerstört: *Kuneni, Limni, Floria, Anojia, Sokara, Wrysses, Kria-Wrissi, Gurgudi, Jerakari, Ano-Meros, Sirikari, Faleriana* und *Koxare*. (...)'

Der Angeschuldigte K., Führer der 10. Kompanie im Regiment 733, führte den Vergeltungeinsatz gegen *Kria-Wrissi*. Hier erschoß er eigenhändig mit einer Pistole auf dem Dorfplatz eine Anzahl von Griechen; die Zahl steht nicht fest, sie betrug mindestens 10 bis 20 Personen. Nach der Umfassung und Besetzung des Dorfes *Kria-Wrissi* erhielt der Angeschuldigte B. von K. den Befehl, sich an der Erschießung im Ort zu beteiligen. Er erschoß etwa 5 Griechen mit seiner Maschinenpistole. (...)

Der Angeschuldigte Br., Führer der 14. Kompanie im Regiment 733, führte den Vergeltungseinsatz gegen *Wrysses*. Bei diesem Einsatz wurden etwa 8 Griechen am Rande des Dorfes vor einer Ruine erschossen. (...)"

Der Oberstaatsanwalt kommt nun zur Bewertung: „Die Maßnahme des Kommandanten der Festung kann nicht isoliert betrachtet und gewertet werden, sondern sie ist im Zusammenhange der gesamten Kriegslage auf der Insel Kreta im Sommer 1944 zu sehen. Die Zerstörungen und Erschießungen im August 1944 wurden als ‚Gegenmaßnahmen', ‚Vergeltungseinsätze' und im Falle des Unternehmens ‚Abschiedsfest' auch noch als ‚Sühnemaßnahme' wegen der Partisanentätigkeit auf der Insel, insbesondere wegen der Entführung des Generals Kreipe durch englische Kommandotruppen unter Mitwirkung der griechischen Bevölkerung, durchgeführt. (...)"

Zur Frage der Schuldhaftigkeit im Verhalten der Angeschuldigten schreibt der Oberstaatsanwalt: „Der Kommandant hatte für jeden der fünf Orte Sühneerschießungen in Höhe von 30 Einwohnern befohlen. Insgesamt wurden 139 Griechen erschossen, der Befehl wurde daher nicht überschritten. (...)

Nach B.s Einlassung sagte der Angeschuldigte K. nach der Tat, er müsse jetzt einen nehmen und über diese Schweinerei wolle man schweigen. B. gibt an, er habe sich der Befehlsausführung nicht widersetzt; es sei für ihn kein Zweifel gewesen, daß er habe gehorchen müssen, da sonst auch ein kriegsgerichtliches Verfahren gegen ihn die Folge gewesen wäre. Br. gibt an, der Befehl habe zwar seinem persönlichen und religiösen Empfinden widersprochen, er habe ihn aber für rechtmäßig gehalten. (...)"

Der Oberstaatsanwalt fährt fort: „Von einem offensichtlich verbrecherischen Charakter des Befehls kann bei einer Gesamtwertung der Vorgänge im Lichte des Völkerrechts dann keine Rede sein, wenn man die Aktion nicht isoliert betrachtet, sondern die grausamen völkerrechtswidrigen

Partisanenübergriffe, die sie ausgelöst haben, mit in Rechnung stellt. Da die Angeschuldigten aber sämtlich aus dieser Schau allein das damalige Geschehen werten konnten, kann man ihnen nicht unterstellen, sie hätten seinerzeit den verbrecherischen Charakter des Befehls erkannt. (...)

Die Angeschuldigten sind daher als Teilnehmer an den von dem Kommandanten der Festung Kreta am 12. 8. 1944 befohlenen Vergeltungsmaßnahmen, bei denen 139 Griechen erschossen wurden, in ihrem Verhalten unter dem Gesichtspunkt der zulässigen Repressalie auf Befehl gerechtfertigt, jedenfalls durch die Befolgung des Befehls des Kommandanten (...) entschuldigt. Die Angeschuldigten sind somit außer Verfolgung zu setzen."

In der Urteilsbegründung des Richters heißt es: „Geht man davon aus, daß die Aktion nicht als völkerrechtlich erlaubte Repressalie anzusehen ist, so sind die Angeschuldigten doch durch *Handeln auf Befehl* entschuldigt. (...) Den Angeschuldigten ist nicht zu widerlegen, daß ihnen ein verbrecherischer Charakter des Befehls nicht bekannt gewesen ist. (...) Das Verfahren hat aber nicht etwa die volle Unschuld der Angeschuldigten ergeben; es ist auch nicht dargetan, daß ein begründeter Tatverdacht von vornherein nicht vorgelegen hat. (...) Bei dieser Sach- und Rechtslage sind den Angeschuldigten die ihnen zur Last gelegten Taten nicht mit der für eine Verurteilung erforderlichen Sicherheit nachzuweisen, so daß sie gemäß § 204 Abs. II Strafprozeßordnung außer Verfolgung zu setzen waren."

Nach Abschluß des Unternehmens „Abschiedsfest – Sommernachtstraum" heißt es in einer Meldung der 22. Infanterie-Division vom 28. August 1944:

„Stimmung der Truppe: Der durch Bandentätigkeit verstärkte Einsatz hat sich belebend auf den Geist der Soldaten ausgewirkt. Trotz der ernsten Lage ist die Stimmung zuversichtlich. Die Truppe drängt zum Einsatz. Besondere Schwierigkeiten: Durch den vermehrten Banden-

einsatz ist erhöhter Verschleiß des Schuh-
zeuges eingetreten. (50% Ausfall). Austausch
von Schuhwerk innerhalb der Division zu Lasten
der Nichtinfanteristen wird durchgeführt."

Brief ohne Poststempel

Kreta, Juni 2001

In vielen Gesprächen erfahre ich von Kretern Einzelheiten
über das Hungern im Krieg. Alle ohne Ausnahme waren
davon betroffen. Niemand aber erzählt von sich aus. Gehört dieses Verhalten vielleicht ganz selbstverständlich zur
Gastfreundschaft? Ich habe fast den Eindruck, sie wollen
mich als Deutschen nicht damit behelligen. Immer wieder
höre ich den Satz: Das alles haben nicht die Deutschen,
sondern die Nazis getan. Ich kann mich zwar mit dieser
Antwort nicht völlig zufriedengeben, widerspreche aber
schließlich nicht mehr, weil ich zwischen den Zeilen ver-
nehme, daß die meisten Kreter weder das ganze deutsche
Volk, geschweige denn die nachfolgenden Generationen
anklagen wollen.

Die mir von den Menschen anvertrauten Nöte habe ich
mir in einem fiktiven Brief von der Seele geschrieben:

Winter 1942

Liebe Eleni!

Wir haben immer wieder gehört, daß es bei Euch in Athen
fast nichts mehr zu essen gibt und daß die Leute vor Hunger sterben. Man würde die Toten der Nacht morgens von
den Straßen räumen. Was daran wahr ist, können wir hier
auf Kreta kaum feststellen. In den griechischen Nachrich-
ten hört man natürlich nichts davon und das Abhören aus-
ländischer Sender ist ja von den Deutschen bei Strafe verboten. Bei uns wird der Hunger auch immer schlimmer,

obwohl – wie Du weißt – fast jeder von uns irgend einen Bezug zur Landwirtschaft oder zur Fischerei hat. Irgendein Mitglied der Familie hat da schon seine Möglichkeiten, an etwas Eßbares heranzukommen. Auf dem Markt allerdings gibt es so gut wie nichts mehr zu kaufen. Wenn da aber schon etwas angeboten wird, dann zu Schwarzmarktpreisen, die sich kein Mensch leisten kann. Es heißt sogar, auf dem Schwarzmarkt würden immer öfter Waren angeboten, die von den Deutschen in den Dörfern gestohlen worden seien.

Deine Schwestern haben gestern im Nachbardorf Eßkastanien erstanden. Die sind zum Glück nicht so rar auf der Insel. Die Deutschen mögen sie offensichtlich nicht sehr. Georgios mag das Zeug auch nicht arg; ich ja auch nicht. Sogar aus Johannisbrotschoten machen manche jetzt Mehl. Das Brot daraus ist nicht besonders schmackhaft. Der verlorene Sohn in der Bibel hat ja auch Johannisbrot aus dem Schweinetrog gegessen. Na ja, uns geht's zur Zeit auch nicht viel besser. Zum Glück kennen wir uns gut mit wilden Pflanzen aus. Da gibt es genug Eßbares, was so zwischen den Büschen wächst. Wildgemüse, Kräuter, Pilze und Tee. Von all dem gibt's in diesen Jahren, Gott sei Dank, viel mehr als je zuvor. Vielleicht ist man ja früher mehr dran vorbeigegangen. So gute Kräutertaschen wie zur Zeit, habe ich selten bekommen. Unsere Frauen schleppen Berge von Wildgemüse ins Haus, sogar Sorten, die ich noch nie gesehen habe. Hast Du gewußt, daß es wilden Fenchel gibt und sogar ein Erzengelkraut? Das kennen die Deutschen alles nicht. Deshalb können es die Frauen ungeschoren nach Hause tragen. Das heißt, auch das wird immer schwieriger. Die Ausgangssperre wird ständig verschärft und immer mehr ausgedehnt. Das Jagen ist uns Männern schon längst verboten. Großvater hat ja, wie Du Dich sicher noch gut erinnern kannst, fast jeden Tag irgendetwas aus dem Meer mitgebracht. Seeigel, Krabben und manchmal einen Oktopus. All das hat er ohne Angel aus dem Meer geholt. Aber weil die Deutschen am Anfang das Angeln noch zuließen, hat

Großvater es noch angefangen und sogar Erfolg damit gehabt. Aber dann haben sie ihm immer öfter seine Beute abgenommen. Sie nannten es „beschlagnahmt". Das klang dann so nach militärischer Pflicht, war aber einfach gestohlen. Jetzt sammelt er Schnecken. Die lassen ihm die Deutschen. Du weißt ja, daß wir in allen Fastenzeiten auch Schnecken gegessen haben, weil sie als Tiere ohne Blut gelten. Manche würden den Schnecken zur Zeit den Salat im Garten von Herzen gönnen. Deine Tante hat gemeint, so fromm wie jetzt seien die Kreter noch nie gewesen.

Übrigens die Zwillinge von Manolis haben neulich ein Rebhuhn mit der Schlinge gefangen. Viel war zwar nicht dran, aber zum Essen haben ihre Eltern auch uns eingeladen. Das bißchen Zeug war schnell gegessen. Aber wir haben richtig gefeiert, weil unsere Jungs jetzt schon mitmachen, die Verordnungen der Besatzer zu unterlaufen.

Wenn wir eine Ziege, ein Schwein oder ein Schaf schlachten wollen, brauchen wir dazu eine Genehmigung von den Deutschen. Oft kommt dann am Schlachttag ein Soldat und holt sich und seinen Kameraden einen gehörigen Anteil, oft die besten Stücke. Am meisten aber ärgert mich, daß immer öfter Ziegen und Schafe von Minen zerrissen werden. Man darf die toten Tiere dann nicht holen. Sie sagen, man könnte dabei selbst in Minen treten. Neulich haben sie mich geholt. Ich sollte ihnen ein totes Schaf bergen und dann noch sachgerecht zerlegen. Nun, wenigstens habe ich die Innereien mitgekriegt. Der Verlust von in Minen getretenen Tieren ist erheblich. Noch mehr aber klagen die Fischer über Seeminen. Die Fischbestände sind stark reduziert. Die Deutschen werfen oft Handgranaten ins Meer. Dann müssen wir die tot auf dem Wasser liegenden Fische für sie einsammeln. An der Südküste ist die Fischerei schon ganz verboten. Das wird bei uns auch bald kommen.

Man hört immer wieder, denen im Osten der Insel ginge es unter der Besatzung der Italiener viel besser als uns hier. Das liegt sicher daran, daß die Italiener eine ähnliche Mentalität wie wir haben. Im Osten gibt es zwar so gut wie keine Erschießungen. Das ist schließlich das Wichtigste. Aber bei der Beschlagnahme von Lebensmitteln seien die auch nicht zimperlich. Jetzt sind uns hier sogar die Saatkartoffeln ausgegangen. Die haben wir ja fast immer aus dem Osten bezogen. Jetzt heißt es, die Italiener hätten alle verfügbaren Kartoffeln aus ihrem Besatzungsgebiet für ihre auf den Ägäis-Inseln stationierten Soldaten konfisziert und von unserer Insel abtransportiert. Daß die Andarten uns Dorfbewohner zur Abgabe von Lebensmitteln zwingen würden, davon habe ich bis jetzt noch nichts gehört. Auf dem Festland muß das in manchen Gegenden ja eine richtige Plage sein. Oder was weißt Du davon?

In Liebe und Traurigkeit
Dein Onkel Manos

Wie dieser Brief zu Dir gelangen soll, weiß ich noch nicht. Jedenfalls darf er den Deutschen nicht in die Hände fallen.

Klagelieder

Immer wieder stoße ich auf griechische Lieder und Gedichte aus der Zeit der deutschen Besatzung. Die meisten von ihnen stammen aus der Feder von einfachen Menschen auf dem Land. Karg und bitter beschreiben sie die Greuel der Deutschen.

Eleni Liritzaki schreibt, das folgende Gedicht sei seit September 1943 in den Schulen ihrer Provinz gesungen worden.

„Auch all die stillen Häuser der Toten sind dahin.
Die Axt des Deutschen hat sie zertrümmert und eingerissen.
Die Schänder wüteten im Blutstrom.
Die Erde verfärbte sich. Rot wurde der Fluß."

In dem griechisch geschriebenen Buch „Die Schlacht um
Kreta im Volkslied der Insel", von Apostolakis Stamatis ste-
hen auch diese beiden Gedichte:
„Denn Deutsche sind durchgezogen,
Verbrecher, Mörder.
Sie legen Feuer in den Dörfern
und schlachten Kinder, Frauen
und Männer ab."

Das griechische Wort für „Schädelstätte" steht im Neuen
Testament als Übersetzung für „Golgatha"
„Zu Schädelstätten sind sie geworden
die grünen Wiesen
und die Orangengärten
von Agia, Fournes und Alikianos.
Exekutionen in unmenschlicher Kaltblütigkeit
auf den Sonnenblumenfeldern
von Kontomari und Perivolia,
von Kyrtomado und Palaiochora,
von Keriti und Agia."

Euripides Plagiotakis schreibt im September 1943:
„An einem Tag im September,
der Himmel war hell,
aber finster war es um die Dörfer von Viannos.
Die Barbaren kamen und legten Feuer.
Der Schuß des Deutschen
nahm keine Rücksicht
auf Unschuldige.
Ein zivilisiertes Land
von Europas Höhe
exekutiert alle
internationalen Gesetze

Lieder aus dem Volk haben bekanntlich eine Verfallszeit von
tausenden von Jahren im Gegensatz zu schnell verblassen-
den Gerichtsakten.

Schubert

In der Literatur über die deutsche Besetzung Kretas und in Gesprächen mit älteren Kretern begegnet einem immer wieder der Name Schubert. Der Gefreite Schubert hat eine blutige Spur auf Kreta und unauslöschliche dunkle Flekken im Gedächtnis der Menschen hinterlassen. Stellvertretend für sehr viele sollen hier zwei Zeitzeugen zu Wort kommen:

Der Zeuge D. am 17. Mai 1960 vor dem Untersuchungsrichter in Kassel: „Ich möchte noch erwähnen, daß außer der Geheimen Feldpolizei noch die Feldgendarmerie und ein gewisses Kommando ‚Schubert' mit polizeilichen Aufgaben auf der Insel Kreta beschäftigt waren. (...) Das Kommando Schubert war ausschließlich für die Bandenbekämpfung eingesetzt. Von wem dieses Kommando eingesetzt wurde, und von wem es seine Befehle erhielt, blieb völlig geheim. Dieses Kommando betätigte sich in sehr rauher und teilweise unmenschlicher Weise gegen die Zivilbevölkerung, so daß die reguläre Truppe über dieses Kommando sehr verärgert war und ich persönlich mehrfach Beschwerden auch höherer Dienststellen habe anhören müssen. Die Tätigkeit dieses Kommandos hat dem Ansehen der Deutschen im Lande sehr geschadet."

Der griechische Zeuge I. A. bezeichnet bei seiner Vernehmung am 25. Juni 1945 Schubert als den „größten bestialischsten Verbrecher". Sein Durchgreifen war so brutal, daß man ihn schließlich abschob und auf Syphillis verdächtigte. Er ist nach einer Mitteilung der Deutschen Botschaft in Athen von einem griechischen Gericht am 5. August 1947 zum Tode verurteilt und hingerichtet worden.

Der Tod und die Mädchen

Major v. C., im Sommer 1944 als Kommandeur der „Panzeraufklärungsabteilung 122" auf Kreta, sagt bei seiner Vernehmung am 31. August 1959 in Kassel: „Die Kurierpost wurde
von Ort zu Ort mit Panzerspähwagen befördert. Diese Wagen waren immerhin noch so gefährdet, daß befohlen worden war, Töchter angesehener griechischer Familien auf den
Wagen mitfahren zu lassen, um zu vermeiden, daß auf die
Fahrzeuge geschossen wurde. Es war also so, daß aufstän-
dische Griechen die Töchter ihrer Landsleute zuerst erschossen hätten, würden sie einen deutschen Panzerspähwagen
angegriffen haben. (...) Die Existenz eines solchen Befehls
war mir bekannt, und es ist wohl klar, daß kein untergebener Offizier des Festungskommandanten die Möglichkeit
hatte, sich gegen einen solchen Befehl zu stellen."
   Der diesbezügliche Befehl ist im Bundesmilitärarchiv
Freiburg unter RW 40/ 169 zu finden:

```
Kommandant der Festung Kreta
(ohne Datum) /44                        Geheim
                 Entwurf

Betrifft: Maßnahmen gegenüber Bandenüberfälle

1. Durchführung feiger Bandenüberfälle aus dem
   Hinterhalt auf deutsche Kraftfahrzeuge ha-
   ben sich in den letzten Tagen in untragba-
   rem Maße gehäuft und erfordern scharfe Maß-
   nahmen zum Vermeiden weiterer eigener Ver-
   luste. (...)
3. Ab sofort sind auf allen Fahrzeugkolonnen
   griech. junge Mädchen in größerer Zahl mit-
   zuführen und auf die einzelnen Fahrzeuge zu
   verteilen. Auswahl der Mädchen auf Befehl
   eines Offz.(mindestens Kp.usw.-Chef); be-
```

sonders aus Bevölkerungskreisen, die wohl-
habend sind, der deutschen Besatzungsmacht
zurückhaltend gegenüberstehen oder als
englandfreundlich bekannt sind, Töchter von
höheren Geistlichen, Ärzten, Rechtsanwälten
usw. Keinesfalls sind Angehörige deutsch-
freundlicher Familien zu verwenden. Die Er-
greifung der Mädchen ist rücksichtslos
durchzuführen.
Verpflegung und Decke für längere Fahrten
sind von den Mädchen mitzubringen.

4. Die Einheitsführer haben jedem Fahrzeug na-
mentliche Liste der Mädchen als Ausweis
mitzugeben. Eigenmächtige Mitnahme von Mädchen durch Fahrer bleibt weiterhin streng
verboten. Alle Soldaten sind eingehend zu
belehren, daß Ausschreitungen gegenüber den
mitgeführten Mädchen streng bestraft werden. Die Mädchen sind möglichst am gleichen
Tage, spätestens aber nach 48 Stunden unbe-
helligt und unversehrt zu entlassen.

5. Bei Bandenüberfällen auf Geleite sind die
Mädchen als Geiseln festzuhalten und zum
Reiseziel mitzuführen oder der nächsten
Truppe zu übergeben. Nur bei Fluchtversuch
sind sie zu erschießen.

Die zehn Gebote für Kreta

Asomatos, 4. Juli 2001

Jedem Kreta-Reisenden kann ich nur ans Herz legen, das
sehr originelle, höchst interessante, äußerst vielfältige und
überquellende Privatmuseum von Papa Michalis Georgoulakis in Asomatos zu besuchen. Ich habe den Eindruck, daß
man hier mehr über das Leben auf Kreta erfährt, als an irgendeinem anderen Ort auf der Insel. In einem der vielen
Räume hat der alte Pfarrer ausschließlich Dokumente und
Gegenstände aus der Zeit der deutschen Besatzung Kretas
ausgestellt. Am meisten hat der folgende Aufruf der Deutschen an die kretische Bevölkerung meine Aufmerksamkeit
erregt. Diese deutsche Übersetzung ist zwar ohne Datum.
Es ist aber deutlich, daß er aus einer Zeit stammt, als die
Deutschen das Feindbild „Engländer" durch das Feindbild
„Bolschewismus" zu ersetzen suchten. So hoffte man, einen Keil zwischen die politisch unterschiedlich orientierten Widerstandsgruppen treiben zu können, was aber auf
Kreta kaum gelang. Der Aufruf trägt die Überschrift „Die
zehn Gebote für Kreta":

I.   Glaubt an ein neues Europa des Friedens,
     Gerechtigkeit und Bruederlichkeit. Von
     den Opfern des Lebens zwanzig europaei-
     scher Nationen, welche gegen die Moerder
     der Menschen, den Bolschewismus auf den
     oestlichen Schlachtfeldern kaempfen, wird
     ein neues Europa geboren.

II. Hasst nicht diejenigen, die zu der Beset-
     zung gehoeren, weil sie nicht gekommen
     sind, um eure Freiheit zu nehmen, sondern
     sie schuetzen Europa von der Invasion der
     Maechte, welche bezahlt werden von den
     Englaendern und den Juden. Die bolschewi-
     stischen Tyrannen wollen alle Menschen

der Welt unter ihre Macht bringen und sie
zu Sklaven ihrer Macht und Handlangern
ihres Reichtums machen.

III. Ruhm den Helden der Freiheit eures Landes, welche zusammen mit den Maechten
kaempfen, welche fuer Freiheit aller
Laender, sowie auch der euren sind. Skru-
pellose Politiker haben eure Freiheit an
die Englaender verkauft. Aber England hat
Europa den Bolschewismus gebracht. Wer
immer auf der Seite der Englaender
kaempft, kaempft fuer die juedische-bol-
schewistische Tyrannei. Wer immer die
Freiheit liebt steht heute auf unserer
Seite, denn wir werden den Bolschewismus
zerstoeren.

IV. Arbeitet friedvoll und mit Gewissen, damit ihr nuetzlich seid fuer den Wieder-
aufbau eures Landes. Denn euer Land, wel-
ches durch den Krieg mit den Englaendern
stark gelitten hat, kann sich nur durch
produktive Arbeit erholen. Wartet nicht
auf fremde Hilfe, helft Euch selber! Nur
ein Sklave wartet auf Befehle und Anwei-
sungen. Ein freier Mann merkt selber, was
er dafuer tun kann. Wenn das eintritt,
koennt ihr auch auf die Unterstuetzung
der Besetzer zaehlen.

V. Toetet nicht! Dieses Gebot muß das wichtigste in euren Koepfen sein und lasst
euch nicht verfuehren gewalttaetig zu
werden, sondern geht mit Euren Anliegen
vor Gericht, sodass sie entscheiden was
gemaess der Gesetze geschehen wird. Nur
dann koennt Ihr gerecht sein. Hass, Miss-
trauen und Krieg sind zwischen Bruedern
im Frieden in Europa am falschen Platze.

Ueber allen persoenlichen Wuenschen der
Menschen steht die Gesellschaft der Nati-
on.

VI.   Sei nicht gastfreundlich, gib nichts zu
essen den Feinden des freien Europas, den
Englaendern, denn so brecht Ihr die geschriebenen Gesetze. Nur ein freier Mann
darf aufgenommen werden. Aber der Englaender ist kein freier Mann auf Eurer
Insel, gemaess des Artikels Nr. 50 der
Konventionen von Haag, aber ein streiten-
der, den Ihr vernichten muesst. Lasst
euch nicht das Gesetz brechen, wegen einer sentimentalen Sympathie. Wir verscho-
nen dann niemanden mehr. Jeder Englaender
wird in deutsche Obhut genommen, ohne
Angst haben zu muessen mit dem Tode bestraft zu werden. Aber wenn Ihr Englaendern helft begebt Ihr Euch selber in Gefahr. Deshalb beachtet besser dieses Gesetz!

VII.   Stehlt oder zerstoert keine deutschen
Besitztuemer, die nicht Euch gehoeren. So
kaempfen nur Sklaven, so reagierten nur
Untermenschen. Aber haltet Euch gerade,
wie ein freier und stolzer Mensch und
verhaltet Euch korrekt und freundlich.
Taschendiebe gehoeren in die selbe Kate-
gorie und haben kein Recht auf Frieden
und Guete. Deshalb respektiert alles, was
nicht zu Eurem Besitz gehoert und seid
sein Beschuetzer.

VIII. Versteckt keine Waffen, und die, die Ihr
findet, bringt sie schnellstens zu den
Truppen. Das Gesetz verbietet den Besitz
von Waffen. Obwohl Ihr Waffen liebt,
muesst Ihr sie abgeben fuer Euer Bestes

und aus freiem Willen. Derjenige, der macht was er will, ist nicht frei, sondern ein Sklave seiner Passion, seines Willens und Sucht. Derjenige, der tut was in seinem Bereich moeglich ist, ist ein freier Mann. Die Zukunft Eures Landes und Eurer Leute, ist abhaengig von Eurer Disziplin und Selbstkontrolle den hoeheren Gesetzen zu folgen. Wenn wir nun zusammenarbeiten werdet Ihr eines Tages wieder freie Soldaten sein und Herr ueber Euer Land.

IX. Versucht nicht reich zu werden durch Schwarzmarkt und verbotene Geschaefte, waehrend Eure Brueder hungern muessen. Die gemeinschaftlichen Erfolge muessen Euch am Herzen liegen. Folgt diesem Prinzip, sodass Euer Volk lange existieren kann, denn sonst werdet Ihr und Eure Insel bald ein Huegelland und Wueste im Ocean sein. Deshalb schuetzt Eure Leben, indem Ihr auch Eure Verbuendeten schuetzt.

X. Denkt an die antike Zivilisation Eures Landes, haltet die Volkstraditionen bei, welche uns alle von den Tieren abheben. Haltet Eure Haeuser schoen, pflegt Eure Gaerten wie immer, lasst Eure alten Trachten erwachen, nehmt Teil an der Gesellschaft und gebt nicht Euer Leben hin an nutzlose Spielereien. Dann seit Ihr zivilisierte Menschen und Ihr koennt Eure Koepfe wieder hoch tragen, als ein freier Grieche in einem freien Griechenland, wie es Eure Vorfahren einst taten.

Inventur einer Okkupation

Zusammen mit dem Strafverfolgungsersuchen legte das griechische Kriegsverbrecherbüro in Athen 1956 den deutschen Justizbehörden eine sehr detaillierte Auflistung der deutschen Kriegsverbrechen auf Kreta vor. In den darin namentlich aufgeführten 108 Ortschaften sind die folgenden Rechtsverletzungen begangen worden. Jede einzelne Tat ist mit Datumsangabe festgehalten.

Orte mit Massenhinrichtungen und Erschießungen	42
Einzelne Hinrichtungen und Erschießungen	89
Morde	9
Tötungen	9
Fälle von Folterung mit Todesfolge	12
Fälle von Entführung mit Todesfolge	23
Niedergebrannte Ortschaften	14
Durch Artilleriebeschuß zerstörte Orte mit mindestens sieben Toten	7

Auf der Liste sind weiterhin folgende Delikte mit Orts- und Datumsangabe verzeichnet:

Folter	33
Mißhandlung	41
Verletzung	7
Nötigung	30
Bedrohung	13
Terrorisierung	11
Erpressung	13
Verhaftung	61
Entführung	2
Zwangsarbeit	10
Deportation nach Deutschland	4
Sexualdelikte	7
Brandstiftung	19
Zerstörung	10
Plünderung	60

| Beschlagnahme | 9 |
| Diebstahl | 5 |

Ohne Zahlenangaben sind diese Taten aufgelistet:

- Erschießung griechischer Zivilisten nach der Kapitulation Deutschlands
- Verbrennung dreier Kinder
- Erschießung eines Kindes
- Erschießung eines 12jährigen Kindes
- Raubmord
- Freiheitsberaubung des Abtes und zweier Mönche mit Todesfolge
- Notzucht an einem minderjährigen Mädchen
- Mißhandlungen (Peitschen)
- Umwandlung der Dorfkirche in ein Bordell (Entweihung der Kirche)
- Beschlagnahme des Klostereigentums

In den Gerichtsakten deutscher Verfahren finden sich noch manche Hinweise auf Kriegsverbrechen, die in dieser von Griechenland vorgelegten Liste nicht genannt sind, so zum Beispiel die Hinrichtung von zehnMännern in Sternes.

Auf einer von der Staatsanwaltschaft des Appellationsgerichts Athen zusammengestellten Liste vom 21. April 1965 sind allein in Iraklion die Namen von 267 Hingerichteten mit Datumsangabe genannt.

Verbindliche Gesamtzahlen von Kreta ließen sich nicht eruieren. Die teils erheblichen Abweichungen der Zahl der Getöteten rührt daher, daß zwischen Kriegstoten und Hingerichteten unterschieden wird. Bei Kampfhandlungen Getötete gelten als „reguläre" Kriegstote. Dabei ist im Nachhinein nicht mehr festzustellen, ob der Artilleriebeschuß eines Dorfes als eine Kampfhandlung oder als eine Repressalie gewertet wurde. Partisanen haben nach Auffassung vieler Juristen ihr Leben – folgt man dem Buchstaben des internationalen Kriegsrechts – ohnehin verwirkt, wodurch ihre Hinrichtung nicht als Kriegsverbrechen zu werten sei.

Totentanz

die kreter
tanzen
mit dem tod
bei hochzeiten
singen sie
vom sterben
witwen und helden
tragen schwarz
alle wollen
im stehen sterben
unbeleidigt
der beleidigte tod
aber
holt sich einen
meister aus deutschland
er will
fledermausflügel
aus den häuten
seiner opfer
schneiden
mit höllenlärm
übertönt er
das stöhnen
und
kann doch nicht
fliegen

Aufruf

Asomatos, 4. Juli 2001

Auch der folgende Aufruf findet sich unter den von Papa
Michalis aufbewahrten Dokumenten aus der deutschen
Besatzungszeit:

Kreter!

Derjenige aus der Zivilbevoelkerung, der Waffen tragend oder benutzend erwischt wird, und
damit gegen das internationale Gesetz ver-
stoesst, ebenso derjenige der am Widerstand
gegen die deutschen Truppen teilnimmt, derjenige der telegrafische oder telefonische Ein-
richtungen oder Funkanlagen zerstoert, derjenige, der Besitztuemer der deutschen Truppen
stiehlt, weiterverkauft oder zerstoert, derjenige, der sich Besitz von toten oder verletzten deutschen Soldaten aneignet, wird gemaess
des Kriegsgerichtes verurteilt, und sofort
hingerichtet. Die Doerfer und Ansiedlungen,
deren Bewohner am Kampf teilnehmen, werden sofort verbrannt oder dem Erdboden gleichgemacht.

Zerstörte Orte

Folgende Dörfer Kretas wurden nach deutschen und griechischen Dokumenten durch Brandstiftung, Sprengung oder Artilleriebeschuß dem Erdboden gleichgemacht:

1941

Chania	25. Mai (Bombardierung)
Kandanos	03. Juni
Skines	im Juni

1943

Mournies	16. September
Myrtos	16. September
Gdochia	16. September
Kalikrates	im September
Koustogeraka	29. September
Livadas	29. September
Monis	29. September
Viannos	im September

1944

Kouneni	13. August
Sokara	17. August
Ano Meros	im August
Gerakari	im August
Kria Vryssi	im August
Vrysses	im August
Damasta	21. August
Anogia	21. August
Faleriana	21. August
Floria	21. August
Limni	21. August
Lousakies	28. August
Enneachorion	28. August
Paläokastro	28. August

Gougourthoni	28. August
Potamido	28. August
Syrikari	28. August
Voulgaro	28. August
Skouloudiana	28. August
Kalathenes	29. August
Koxare	29. August
Miamous	im September
Panagia	12. November
Vaphes	(Panzerangriff)

Hinrichtungen

In folgenden Orten fanden deutschen und griechischen Angaben zufolge Erschießungen statt:

Adele (18)	02. Juni 1941
Agia Irini	Juni 1941
Agios Antonios	Sommer 1943
Agya	1941 bis 1944
Anogia (42)	02. Juni 1941
(117)	September 1944
Alikianos (108)	01. August 1941
Ano Meros (30)	
Arsani	Juni 1941
Asi Gonia	Juni 1941
Asteri	Juni 1941
Astirakion	Aug./Sept. 1944
Chamalevir	Juni 1941
Chania	1941 bis 1944
Charaka (10)	August 1944
Charkia	Juni 1941
Choustouliana	1943 bis 1944
Enneachorion	28. August 1944
Gares Diakos (81)	Juni/Juli 1942
Gdochia	16. September 1943

Gerakari (36)	August 1944
Gergeris	14. August 1944
Gonies	17. Oktober 1942
	1943 bis 1944
Iraklion (267)	1941 bis 1944
Kalathenes (11)	29. August 1944
Kali Sykia (viele)	
Kalikrates (50)	September 1943
Kato Symi	September 1943
Kamarakion	26. August 1944
Kandanos	03. Juni 1941
Kokino Chorion	1944
Kondomari (25)	02. Juni 1941
Kouneni	13. August 1944
Koustogeraka (viele)	29. September 1943
Kria Vryssi (35)	22. August 1944
Lochrias	Sommer 1943
Lousakies	28. August 1944
Loutra (10)	02. Januar 1941
Malathyros (60)	28. August 1944
Maleme	1943 bis 1944
Meronas	Juni 1941
Moires	01. Juni 1942
Monis	29. September 1941
	August 1944
Mouchtaron	1943 bis 1944
Mournies (22)	16. September 1943
Myrton (15)	16. September 1943
Myssikia	Juni 1941
Nefs	20. September 1944
Pagalochorio	Juni 1941
Paläokastro	28. August 1944
Perivolia (31)	20. Juni 1941
Pefki	September 1943
Potamida	28. August 1944
Profet Elias	04. Januar 1944
Pyrgos	14. August 1944

Rethymnon	1941 bis 1944
Riza (10)	
Sarchos (40)	August 1944
Sitia	03. Mai 1944
Skines (114)	Juni 1941
Skoulouthiana	28. August 1944
Sokara (27)	17. August 1944
Somatas	Juni 1941
Sternes (11)	31. Mai 1941
Stomiou (62)	Juni 1942
Sykologos	1943
Syrikari	28. August 1944
Tylissos	1943 bis 1944
Tzanakianas	Juni 1941
Viannos und	
Umgebung (451)	1943 bis 1944
Voulgaro	28. August 1944
Woutae	12./16. August 1944

Hier sind nur die Orte genannt, an denen mehrere Menschen erschossen wurden. Bei den wenigsten nur konnte ich genaue Zahlen (in Klammern) angeben. Von Seiten der griechischen Behörden wurden genaueste Erhebungen mit Namensangaben aller Getöteten vorgelegt. Da die deutschen Justizbehörden auf eine genaue Unterscheidung zwischen hingerichteten und im Kampf gefallenen Wert legten, dies aber aus den griechischen Listen nicht hervorging, wurden diese bei den Verfahren in Deutschland als unerheblich eingestuft.

Anklage

Am 26. Mai 1956 richtete der Leiter des Königlich Griechischen Nationalen Kriegsverbrecherbüros in Athen ein Strafverfolgungsersuchen an die deutsche Justiz mit der Bitte

um Ermittlung gegen 87 namentlich genannte Beschuldigte und ehemalige deutsche Wehrmachtsangehörige.

Der Leiter der „Zentralstelle im Lande Nordrhein-West-
falen für die Bearbeitung von Kriegsverbrechen in Griechenland bei dem Leitenden Oberstaatsanwalt in Bochum" lei-
tete darauf die Ermittlungen ein und hält in einer „Verfügung" fest:

„39 Beschuldigte konnten strafrechtlich nicht zur Verantwortung gezogen werden, weil ihre näheren Personali-
en und ihre gegenwärtigen Anschriften nicht zu ermitteln
waren." Es folgt eine Namensliste und der Hinweis, daß
alle einschlägigen Ermittlungsstellen sowie andere damals
auf Kreta stationierte Wehrmachtsangehörige dazu befragt
wurden. „Weitere Nachforschungen versprechen keinen
Erfolg mehr, so daß das Verfahren bezüglich dieser Be-
schuldigungen einzustellen war."

„In 7 Fällen ließ es sich nicht feststellen, daß diese Beschuldigten sich in der Bundesrepublik aufhalten. (...) Das
Verfahren gegen diese Beschuldigten war einzustellen, da
sie nicht im Gebiet der Bundesrepublik ermittelt werden
konnten." Namensliste angefügt

„Durch den nachgewiesenen oder wahrscheinlichen Tod
der Beschuldigten hat das Verfahren in folgenden 12 Fällen
seine Erledigung gefunden: (...)." Namensliste angefügt,
u. a. mit folgenden Zusätzen:

„seit dem 29.1.1943 in Woronesch (Rußland) vermißt",

„im Jahre 1948 im Lager Buchenwald verstorben",

„seit dem 17.1.1943 in Stalingrad vermißt",

„am 13.12.1941 in Rußland an den Folgen einer Verwun-
dung gestorben",

„für tot erklärt",

„am 27.10.1944 in Serbien gefallen."

„In den folgenden 13 Fällen ist das Verfahren gegen die
jeweils benannten Beschuldigten abgetrennt und entweder
an andere Staatsanwaltschaften abgegeben oder mit anderen hier anhängig gewesenen einschlägigen Verfahren ver-
bunden worden." Namensliste angefügt.

In 2 Fällen war das Verfahren einzustellen, weil die Beschuldigten „in anderen Verfahren wegen desselben Sachverhalts bereits verfolgt werden."

„Hinsichtlich der übrigen 12 haben die Ermittlungen einen hinreichenden, die Erhebung der öffentlichen Klage rechtfertigenden Tatverdacht nicht ergeben." Namensliste angefügt „Die vorstehend aufgeführten sollen u. a. verantwortlich sein für die Ermordung von mehr als 3000 Einwohnern der Insel Kreta, für die Terrorisierung, für Folterungen, Deportierungen und Festnahme griechischer Zivilisten. Sie sollen (...) Privatvermögen enteignet oder gestohlen, geplündert oder geraubt, Geiseln getötet und Städte und Dörfer in Brand gesetzt haben."

Von den Verbliebenen, gegen die ein Verfahren lief, gehörten mehr als die Hälfte zu den Einheiten der Geheimen Feldpolizei oder der Feldgendarmerie. Schon daraus ist zu schließen, daß diese Organisationen in besonderer Weise das Kriegsrecht verletzten, was im übrigen auch durch überwältigend viele Aussagen von deutschen und griechischen Zeugen bestätigt ist.

Urlaub von der Verantwortung?

Es ist deprimierend, wie oft sich Offiziere mit dem Hinweis, zur betreffenden Zeit im Urlaub gewesen zu sein, der Verantwortung zu entziehen suchen.

Am 15. März 1960 entgegnete der Zeuge F. L. auf die Vorhaltung des Untersuchungsrichters in Kassel, er sei am Einsatz gegen Sokara im August 1944 beteiligt gewesen: „Ich selbst bin im Juni 1944 von Kreta aus in *Urlaub* nach Deutschland gefahren und bin bis zum Abtransport der Abteilung aus Kreta nicht wieder zu ihr gestoßen (etwa um den 1. 9. 44 herum), sondern erst wieder auf dem Festland. Ich weiß daher von den Ereignissen im August 1944 nichts."

Am selben Tag erklärte der Zeuge H. C. dem Kasseler Untersuchungsrichter zur selben Vorhaltung: „Als ich Ende Juni 1944 aus dem *Urlaub* zurückkehrte, hörte ich von der Zerstörung Sokaras und auch, daß dort Einwohner erschossen sein sollten. Wer die Zerstörungen und Erschießungen vorgenommen hat, erfuhr ich damals nicht. Ich bin dann einmal einige Zeit danach mit einem Wagen des Stabs nach Sokara gefahren und stellte fest, daß das Dorf weitgehend zerstört war und daß verschiedenes Mobiliar abtransportiert wurde. (...) Meines Wissens muß sich die Zerstörung Sokaras bereits während meines *Urlaubs* im Juni 1944 abgespielt haben. (...) Wenn sich die ganze Angelegenheit, wie die griechischen Zeugen sagen, erst am 16. oder 17. August 1944 abgespielt hätte, dann wäre mein Erinnerungsbild über den zeitlichen Ablauf der Ereignisse völlig verschwommen. Möglicherweise irren sich aber auch die griechischen Zeugen, weil diese vielleicht nach einem anderen Kalender rechnen."

Einen Tag später sagte ein weiterer Zeuge J. H. K. zu den Vorgängen in Sokara: „Von dort aus fuhr ich dann am 17. August 1944 zu meiner Kompanie zurück. Ich kam, wie oben erwähnt, am 17. August 1944 aus dem *Urlaub* zurück. Wenige Tage später erfuhr ich, daß das Dorf Sokara zerstört worden war. Ich bin durch Sokara nicht selbst durchgekommen. Mir wurde nur erzählt, daß dieses Dorf zerstört worden war. Ebenso weiß ich nicht, von welcher Truppe die Zerstörung vorgenommen worden ist, ob von Angehörigen meiner Abteilung oder von einer fremden Truppe. Ich habe den Gründen der Zerstörung Sokaras nicht weiter nachgeforscht, einmal weil ich ohne weiteres davon überzeugt war, daß die Zerstörung gerechtfertigt war, zum anderen, weil ich gerade aus dem *Urlaub* zurückgekommen war und mich um anderes kümmern mußte."

Der Zeuge P. I. gibt am 22. April 1960 vor dem Untersuchungsrichter in Lüneburg zu den Vorgängen in Sokara zu Protokoll: „Ich selbst war von Mitte Mai bis etwa Mitte Juli 1944 auf *Heimaturlaub*. Schon zwei Tage nach meiner Rückkehr zur Truppe kam ich wegen Gelbsucht ins Lazarett und stieß erst wieder zur Truppe, als diese schon Anfang September 1944 auf das Festland verlegt war. Von der Zerstörung von Sokara habe ich auch gerüchtweise nichts gehört."

Oberleutnant H. N. verteidigt sich gegen die Anschuldigung, im September 1943 an der Zerstörung von mehreren Dörfern und an Massenerschießungen im Gebiet von Viannos beteiligt gewesen zu sein. Bei seiner Vernehmung sagt er, er habe die Insel zwischendurch wiederholt verlassen, zum Beispiel zum *Urlaub* und zum Lehrgang. Am 3. Juli 1963 schreibt der Oberstaatsanwalt in seinem Abschlußbericht der Voruntersuchung: „Als er im September 1943 aus seinem *Heimaturlaub* zurückgekommen sei, habe er gehört, daß bei einer Übung des Regiments 65 der 22. Infanterie-Division einige deutsche Soldaten (etwa 10) von Partisanen überfallen und getötet worden seien. Wie er weiter erfahren habe, seien die festgestellten Täter erschossen worden. Er nehme an, daß dieser Vorfall mit dem Vorwurf, im Gebiet von Wiannos seien Greueltaten begangen worden, in Zusammenhang zu bringen sei. Hiervon wisse er jedoch nichts."

Der Buchstabe tötet

Daß zu keiner Zeit die Zivilbevölkerung im Krieg verschont blieb, ist eine bittere, aber unleugbare Wahrheit. Jede Art von Gewalt gegen alle Angehörigen eines feindlichen Volkes galt als erlaubt. Dies hat sich erst sehr spät und allmählich geändert. Sicher hat daran auch die Aufklärung ihren Anteil. Denn erstmals in den Napoleonischen Kriegen gegen Italien (1798) und Spanien (1808) wurde die Repressalie als Strafmaßnahme gegenüber der Zivilbevölkerung problematisiert. Im amerikanischen Bürgerkrieg (1861 bis 1865) gab Präsident Lincoln schon genaue Instruktionen zur Anwendung von Kriegsrepressalien. Auch im Burenkrieg

(1899 bis 1902) wurden die Vergeltungsmaßnahmen gegenüber einer sich am Krieg beteiligenden Zivilbevölkerung geregelt. Im deutsch-französischen Krieg von 1870/71 trat das Phänomen noch deutlicher zutage. Eine internationale Regelung wurde immer dringender. Aus Verträgen und Gewohnheitsrecht wurde nach und nach ein Völkerrecht geformt. In zwei internationalen Friedenskonferenzen 1899 und 1907 in Haag wurde der Grundstein für eine verpflichtende Regelung gelegt.

Verbrechen werden von nationalen Gerichten geahndet. Da über Kriegsverbrechen ausschließlich nach dem Völkerrecht geurteilt wird, kann niemand von einem nationalen Gericht wegen einer Kriegshandlung zur Verantwortung gezogen werden, wenn sie nach dem Völkerrecht nicht unter Strafe gestellt ist. Nun hat es keinen Sinn, sich gegen diese internationale Regel zu stellen, auch wenn sie einem nicht zusagt. Solange sich in der Gemeinschaft der Völker nicht die Ansicht durchgesetzt hat, daß der Krieg selber ein Verbrechen ist, muß man sich nach den bestehenden Regeln richten.

Nun gibt es ein internationales Kriegsrecht, und wer sich verantwortlich mit dem 2. Weltkrieg und den anschließenden Verfahren vor den Gerichten und dem Internationalen Militärtribunal in Nürnberg auseinandersetzen will, muß die entsprechenden Gesetze kennen. Auch wenn er sie aus den verschiedensten Erwägungen heraus nicht gutheißen kann. „Kriegsverbrechen im weiteren Sinne" sind „Verbrechen gegen den Frieden" und „Verbrechen gegen die Menschlichkeit". „Kriegsverbrechen im engeren Sinne" sind „Verbrechen gegen das Völkerrecht".

Ein wichtiger Bestandteil des Völkerrechts ist die „Haager Landkriegsordnung". Dort heißt es in Artikel 1 sinngemäß:
– Zivilisten haben nicht das Recht, ihr Land zu verteidigen.
– Sie haben aber das Recht, sich in Freischaren zu organisieren.
– Dazu muß ein Anführer bestellt sein, der die Verantwortung trägt.

– Alle müssen gut sichtbar ein Hoheitszeichen, etwa eine Uniform, ein Abzeichen oder eine Armbinde tragen.
– Die Waffen müssen offen getragen werden.
– Das Kriegsrecht muß geachtet werden.
In Artikel 2 wird dazu ergänzt:

Ist das Land *noch nicht* besetzt, haben Zivilisten das Recht, zu den Waffen zu greifen. Sind die unter Artikel 1 genannten Kriterien erfüllt, werden sie (die Zivilisten) als „Kriegführende" anerkannt.

Die deutschen Offiziere hatten nach eigenen Aussagen kein Handbuch des internationalen Kriegsrechts zur Verfügung. Sie orientierten sich in den von ihnen besetzten Gebieten, also auch auf Kreta, am deutschen Kriegsrecht bzw. an der Kriegsstrafrechtsverordnung. Dort heißt es in § 3, daß „Nichtuniformierte", die sich am Kampf beteiligen, hinzurichten sind. Entsprechend sind die Deutschen mit der kretischen Bevölkerung verfahren. Eine Unterscheidung zwischen „Partisanenhelfern" und „Partisanenverdächtigen" war nahezu unmöglich. So wurden unzählige Unschuldige hingerichtet. In der „Kampfanweisung für die Bandenbekämpfung" der deutschen Wehrmachtsleitung vom 27. Novembver 1942 heißt es unter Nr. 84/85: „Gefangene Banditen sind in der Regel nach kurzem Verhör an Ort und Stelle zu erhängen oder zu erschießen. Wer die Banditen unterstützt, ist todeswürdig."

Kurze Zeit nach der Inkraftsetzung dieser Kampfanweisung fügte Hitler am 16. Dezember noch eine Präambel hinzu: „Die Truppe ist berechtigt und verpflichtet, in diesem Kampf ohne Einschränkung auch gegen Frauen und Kinder jedes Mittel anzuwenden, wenn es nur zum Erfolg führt."

In den Nürnberger Prozessen wurde kein Angeklagter wegen der Erschießung von Partisanen verurteilt. Es heißt dort im so genannten „Geiselmordprozeß" sinngemäß:

Es ist nach dem Kriegsrecht erlaubt, Spione einzusetzen. Ein Spion, der gefangen genommen wird, darf aber auch erschossen werden, weil Kriegführende das Recht haben, sich gegen die Bedrohung und Gefährdung durch feindliche Spione zu schützen. Spione, die legal für ihr Land arbeiten, sind gleichzeitig für den Feind Kriegsverbrecher. So ist es auch mit den Partisanen, die einerseits ihrem Volk einen großen, heldenhaften Dienst zu erweisen suchen, aus der Sicht des Feindes aber Kriegsverbrecher sind.

Als Kernpunkt eines Kriegsrechtes erweist sich schließlich die Frage nach der Repressalie. Sie wird von nahezu allen Staaten als zulässig anerkannt. Dafür aber müssen die Voraussetzungen für ihre Anwendung geregelt sein. Man einigte sich darauf, daß nur Völkerrechtsverletzungen mit der Repressalie geahndet werden dürfen, und zwar mit der Absicht, dadurch weitere Völkerrechtsverletzungen zu verhindern. Um den Rachegedanken dabei möglichst klein zu halten, ist vorgeschrieben, daß diese Zwangsmaßnahme nur durch höchste militärische Kommandostellen angeordnet werden kann.

Nach einem Krieg wird das Kriegsrecht auf beiden Seiten der kriegführenden Mächte eher zur Rechtfertigung als zu einem Instrument der Rechtsfindung benutzt. Von diesem Vorwurf kann man auch die deutsche Justiz nicht freisprechen. Insbesondere nach der Katastrophe des 2. Weltkriegs zeigt es sich, daß Kriegsregeln eine Illusion bleiben müssen. Im Gegenteil, sie sind dazu angetan, immer wieder den Krieg zu verharmlosen, mit der Begründung, es seien ihm ja letztlich humane „Spielregeln" zugrundegelegt.

So ausführlich, gründlich, ausdauernd und umfassend die Verfahren zur Aufklärung deutscher Kriegsverbrechen von Seiten der deutschen Justiz auch durchgeführt wurden, die Argumentation bei der Urteilsfindung – so scheint mir – war doch weit mehr am Buchstaben als am Geist des Kriegsrechts orientiert.

Gerichtsurteile allein sind sicher nicht in der Lage, die Wunden eines Krieges zu heilen. Dies ist zuerst Aufgabe der Politik. Sie muß die Grundlagen für Versöhnung schaffen. Versöhnung aber ist nicht nur eine große Geste auf höchster diplomatischer Eb ene. Sie spricht auch Mundart.

Eidesstattliche Vernehmung

Am 12. April 1945, als die deutschen Truppen auf Kreta schon kapituliert haben, wird der 47jährige Zeuge Georgios Papadakis, Gemeindevorsteher von Gdochia auf der Polizeistation in Myrtos als Zeuge vernommen.

Aus dem Vernehmungsprotokoll: „Am 15. September 1943 um 9.30 Uhr verließ ich Myrtos und wollte zu meinem Dorf Gdochia gehen. Unterwegs wurde ich durch die deutschen Soldaten von dem Hügel ‚Karabostassin', der südlich des Dorfes Myrtos liegt, beschossen. (...) Als ich mich bis auf etwa 1000 Meter dem Dorf näherte, fielen viele Schüsse. (...) Nach einiger Zeit kam meine Frau mit einer anderen Dame mit Namen Sofia Parterantonakis zu mir. Sie hatte in ihrer Hand einen Zettel der Deutschen, auf dem stand, daß ich innerhalb von zwei Stunden mich bei den Deutschen vorstellen sollte, sonst würde ich erschossen. Wegen meiner Pflichten als Gemeindevorsteher habe ich über die Gefahr hinweggesehen, und ich ging zum Dorf mit dem Zettel in der Hand. Dort wurde ich von deutschen Soldaten festgenommen und zu dem Offizier – Kommandant – dieser Einheit gebracht. Dieser Offizier war meiner Meinung nach Leutnant, trug eine Brille, er war groß, etwa 25 Jahre alt und hatte blonde Haare. Er hat mich vernommen, und er fragte mich, wo die Freiheitskämpfer und ihr Führer Mpandobas sei. Ich habe ihm geantwortet, daß ich das nicht wüßte. (...) Er fragte mich weiter, wo die Männer des Dorfes seien. Ich antwortete ihm, daß sie weggegangen seien, weil sie erfahren hatten, daß die Deutschen die Einwohner aus den verschiedenen Dörfern von Biannos töteten. Dann wurde ich an die Soldaten weitergegeben, die mich zusammen mit Johannes P., Sohn des Stavros P., Landsmann von mir, an die Stelle, wo die anderen Verhafteten versammelt waren, brachten. Unterwegs mißhandelte uns ein deutscher Soldat, und wir wurden mit Stöcken sehr geschlagen. (...) Ich wurde in Begleitung von Soldaten zu einem anderen Offizier gebracht, der in diesem Moment angekommen war. Er war meiner Meinung nach Major, und er hat alle stattgefundenen Greueltaten in den Dörfern Myrtos, Gdochia, Mornies, Mythos, Roza und Loutraki geleitet. (...) Sie haben mir gesagt, daß die Kinder und Frauen sich in der Schule versammeln sollten, damit ich ihnen sagen konnte, daß am 16. September 1943 um 6 Uhr morgens das Dorf eingeäschert werden sollte. Dies habe ich getan. Die Kinder und Frauen wurden versammelt und eingesperrt in der Schule ohne Essen und Trinken. Am nächsten Morgen wurden sie in einer Reihe aufgestellt und nach Irapätra gebracht. Nachdem ich diese Anordnung an meine Landsleute bekannt gemacht habe, wurde ich zu ihrem Einquartierungsplatz gebracht und dort ganz isoliert eingesperrt. Etwa um 19–20 Uhr desselben Tages, das heißt am 15. September, hörte ich von der Stelle, wo ich eingesperrt war, Maschinengewehrsalven. Was geschah, weiß ich nicht auf Grund der großen Verwirrung. Nachher habe ich aber erfahren, daß in dieser Stunde 16 Männer, die am vorhergehenden Tag verhaftet worden waren, ohne jeglichen Grund und ohne jedes gesetzliche Verfahren hingerichtet wurden. An demselben Tag wurden außer den oben erwähnten 16 Zivilisten in verschiedenen Teilen des Dorfes 21 Personen hingerichtet. Somit stieg die Zahl der hingerichteten Einwohner des Dorfes Gdochia auf 37. Ferner wurden noch 6 andere Personen hingerichtet, die aus anderen Dörfern der Umgebung stammten. (...) Am nächsten Tag, am 16. September 1943, um 8 Uhr, wurde Feuer in alle Gebäude des Dorfes mit leicht brennbaren Stoffen unbekannter Herkunft gelegt. Bevor sie die Wohnungen anzündeten, räumten sie diese aus. Das habe ich selbst beobachtet, während ich die Kinder und die Frauen versammeln ließ. Danach, etwa um 8,30 Uhr – 9,00 Uhr, ließ man eine Einheit im Dorf, und der größte Teil, über 2000 Mann nach meiner Schätzung, ist zum Dorf Mournies marschiert. Sie haben mich mitgenommen. Dort wurde angeordnet, die Kinder und die Frauen nach Irapätra zu bringen. Nachdem die Häuser geplündert waren, wurde das Dorf durch Feuer zerstört. In dieser Stunde kam von der Straße, die zum Dorf Myrtos führt, der erste Offizier, der mich vernommen hat, der Leutnant mit der Brille, den ich ohne Schwierigkeiten sofort erkannt habe, an. Er stand an der Spitze von 300 Mann. Er kehrte vom Dorf Myrtos nach der Einäscherung und den Hinrichtungen zurück. Er begleitete den Transport der beschlagnahmten Gegenstände und das Vieh. Er berichtete dem Major, der mir den Zettel gegeben hat. Dann wurde der Befehl gegeben, die Einheit nach Biannos zu bringen. Ich war immer dabei. Wir gingen die Straße in Richtung Gdochia – Loutrakion – Siedlung von Gdochia –, die noch brannten, sowie Riza – Mournies, und kamen in Biannos an. Dort war eine Kommission, die angekommen war, um Verhandlungen zu führen, so kann man sagen. Sie bestand aus dem Stellvertreter des Bischofs von Iraklion, dem Prälat P., dem Georgios Gr. und anderen, die mir geholfen haben, daß ich wieder in Freiheit kam (...). Nach Aussagen sollen auch Einheiten des deutschen Heeres aus Irapätra in derselben Nacht vom 15. zum 16. September 1943 angekommen sein, und sie zerstörten eines der oben erwähnten Dörfer. (...) Die Namen der Hingerichteten lauten folgendermaßen:

1. Johannes Petropakis,
2. Emanuel J. Daskalogiannakis,
3. Charikleia G. Xantakis,
4. Michael I. Drakakis,
5. Georgios S. Giannoudakis,
6. Emanuel K. Archondikakis,
7. M.I. Archondikakis,
8. Emanuel K. Daskalogiannakis, Sohn des Konstantinos D.,
9. Emanuel D. Papadakis,
10. Georgios Archondikakis, Sohn des Emanuel A.
11. Emanuel M. Dimitrianakis,
12. Johannes Dimitrianakis, Sohn des Emanuel D.
13. Georgios Daskalakis,
14. Johannes M. Papadopoulos,

15. G. Daskalakis, Sohn des Antonios D.,
16. Emanuel M. Papadakis,
17. Kalleope M. Papadakis,
18. Diomedes M. Papadakis
19. Emanuel G. Lenakis,
20. Georgios Spyriadakis, Sohn des Emanuel S.,
21. M. Papadakis, Sohn des Emanuel P.,
22. Georgios Mikoperakis, Sohn des Emanuel M.,
23. Michael Dimitrianakis, Sohn des Emanuel D.,
24. Konstantinos G. Paterakis,
25. Emanuel G. Paterakis,
26. Emanuel G. Grykolakis,
27. Georgios N. Spyridakis,
28. Emanuel N. Papadakis,
29. Konstantinos N. Dimitrianakis,
30. Emanuel G. Paterandonakis,
31. Emanuel M. Petropakis,
32. Georgios M. Metaxakis,
33. Emanuel N. Paterandonakis,
34. Johannes Tsangakakis, Sohn des Bassileius T.
35. Georgios Karpatakis, Sohn des Emanuel K.
36. Napoleon Pigiakis, Sohn des Emanuel P.
37. Charikleia Petropakis, Tochter des Emanuel P.,
    alles Einwohner des Dorfes Gdochia.

Verletzt wurde Johannes N. Pigiakis. Ferner wurden in Gdochia und in seiner Umgebung aus anderen Dörfern folgende griechische Zivilisten getötet:

1. S. G. Kosmandakis, Einwohner des Dorfes Sikologou des Kreises Biannos,
2. Petropakis, dessen Vorname mir unbekannt ist, Einwohner des Dorfes Kefalobrysson des Kreises Biannos,
3. Kaleope Sygilakis, Tochter des Charalambos S.,
4. Maria G. Rinakis,
5. Zacharoula N. Rinakis,
6. Georgios Ch. Rinakis."

Denunziation

Daß die Geheime Feldpolizei griechische Zivilisten und Polizisten als Agenten zur Bespitzelung ihrer eigenen Landsleute zwang, war eine der hinterhältigsten Kriegsmaßnahmen der Deutschen. Dies hat nicht nur zu großem Mißtrauen der Griechen untereinander während der Besatzungszeit geführt, sondern noch die Ermittlungen nach dem Krieg überschattet. Angebliche oder nachgewiesene Kollaboration mit dem Feind wurde oft als Hinrichtungsgrund unter den Freischärlern gewertet. Vom Bürgerkrieg, der nach 1945 in Griechenland wütete, blieb Kreta zwar verschont. Dafür aber spielte die Denunziation des politischen Gegners in den Zeugenaussagen zu den Vorgängen während der deutschen Besatzungszeit eine erhebliche Rolle.

Der Zeuge D. P. am 10. Mai 1945 in Pyrgos: „In der Zeit des Aufenthalts der Deutschen und Italiener in meinem Heimatdorf Pyrgos-Monophatsiou (...) ereigneten sich häufig Verbrechen, wie zum Beispiel Mißhandlungen von Menschen, Plünderung von Privateigentum. (...) Hinsichtlich der Erschießungen bin ich völlig sicher, daß man die Erschießungen aus eigener Initiative vornahm; andererseits denke ich, daß man Mißhandlungen und Plünderungen vornahm aufgrund von Hinweisen von Personen, die vertrauliche Freunde der Deutschen waren, und die bis heute nicht ermittelt wurden."

I. S. macht am 8. Mai 1945 vor der Polizei in Sokara folgende Aussage: „Der uns bekannte Gestapo-Mitarbeiter N. M. hat Folterungen in Unter- und Obermessara durchgeführt. Sieben Männer der hiesigen Familie T. brachten sie ins Gefängnis von Halikarnassos, wo sie für 20 Tage eingesperrt und den verschiedensten Folterungen unterworfen wurden, alles das aufgrund einer Denunziation unseres Dorfmitbewohners X. Th., der verraten hatte, daß wir Waffen in unserem Besitz hatten, und daß einer von unserer Familie von der englischen Spionage war."

Aus dem Protokoll einer eidesstattlichen Erklärung des

N. M. am 1. Mai 1945 in Iraklion: „Alle diese Informationen und Auskünfte lieferte der Gemeindevorsteher von Asimi, ein gewisser E. K. an das Büro Hartmann. Das ist das Büro der deutschen Gegenspionage von Iraklion; dieses Büro Hartmann gab die Informationen alsdann weiter an alle deutschen Polizeidienststellen, wobei es anheimstellte, falls weitere Auskünfte gewünscht würden, sich direkt mit dem oben genannten E. K. in Verbindung zu setzen, der, wie ich sehr wohl weiß, Leiter der Agentenorganisation des Büros Hartmann im Landkreis Monophatsio war; ich weiß, daß diese Agenten sehr reichlich für jede von ihnen beschaffte Information bezahlt wurden. Namentlich weiß ich, daß der E. K. vom Büro Hartmann die Erlaubnis zum Waffentragen empfangen hatte, und daß er von diesem Büro einen auf ihn persönlich ausgestellten Ausweis empfangen hatte."

Die Information, daß das Dorf Sokara ein Schlupfwinkel der Kommunisten sei, „stammte von den Agenten der Umgegend: K., L., I., sowie von L. E., die die Konkubine des Ortskommandanten von Pyrgos, des Unteroffiziers W. war."

Der Klerus

Die deutschen Besatzer hatten nur geringe Kenntnisse über die Orthodoxe Kirche. Weder über ihre hierarchische Gliederung noch über ihre tiefe Verankerung im Volk. In einem Fall weiß z. B. ein Oberleutnant nichts über die Position des Geistlichen, der ihn auf Befehl in ein Gebiet begleiten muß, in dem mehrere Dörfer dem Erdboden gleichgemacht werden. Seines Erachtens sei es der „höchste Geistliche auf Kreta" gewesen. Selbst der Kommandant der Festung Kreta spricht in einem Befehl zur „Bandenbekämpfung" von „Töchtern von höheren Geistlichen". Bischöfe, Metropoliten und Erzbischöfe kommen aber aus dem Mönchstand, sind also nicht verheiratet. Des öfteren wandte sich der Kommandant, der seinen Sitz in Chania hatte, an den dortigen Bischof in dem Glauben, er sei das Oberhaupt der Orthodoxen Kirche auf Kreta. Das war und ist aber der Erzbischof von Iraklion.

Ihre Unwissenheit hinderte die deutschen Besatzer jedoch nicht daran, den orthodoxen Klerus schamlos zu mißbrauchen. Die Bischöfe wurden u. a. gezwungen, die Befehle der Besatzer an die Geistlichen und die Bevölkerung weiterzugeben. So erhielt zum Beispiel der Bischof von Rethymnon im Juni 1942 vom Kreiskommandanten den Befehl, ab sofort alle Trauerfeiern für von Deutschen hingerichtete Kreter zu unterbinden. Er wurde genötigt, dies schriftlich zu tun und seine Geistlichen bei Strafe dazu zu verpflichten. Manche kreideten das dem Bischof als Vollstreckung deutscher Interessen an. Dabei sollte aber nicht vergessen werden, daß gerade in der Metropolitenkirche von Rethymnon Engländer vor den Deutschen versteckt wurden.

Ebenso wird die Rolle des damaligen Metropoliten von Chania, Agathangelos Xirouchakis, von den Kretern sehr unterschiedlich bewertet. Die einen sagen, er hätte sich dazu hergegeben, den Aufruf der Deutschen zur Waffenabgabe zu unterstützen. Daß er dazu gezwungen wurde, hat ihm niemand zugute gehalten. Auch sein großer Einsatz für gefangene Kreter konnte nur im Verborgenen geschehen. Kritiker, die davon hörten, glaubten, dies sei nur deshalb möglich gewesen, weil er einen „guten Draht" zu den Deutschen gehabt habe.

Eine weitere Perfidie des deutschen Besatzungsregimes war das Anlegen von so genannten „Geisellisten". Darin wurden Personen aufgeführt, die im Falle von angeordneten Strafmaßnahmen standrechtlich erschossen werden konnten, also ohne den Nachweis, in irgendeiner Weise schuldig zu sein. In diese Listen wurden bewußt weder Bürgermeister noch Geistliche aufgenommen. Man wolle damit, so hieß es, der Bevölkerung demonstrativ signalisieren, daß man diese geachteten Berufsstände durchaus respektiere. In Wahrheit aber wollte man sich die Bürgermeister und die Geistlichen dadurch gefügig machen, um deren Personenkenntnis für die eigenen Interessen nutzen zu können.

Besonders im Kampf gegen den Kommunismus hat die deutsche Militärleitung auf Kreta gehofft, den Klerus – in Unkenntnis von dessen Einstellung – gewinnen zu können. Daß in der links orientierten EAM in ganz Griechenland rund 3000 Geistliche organisiert waren, wußte man auf deutscher Seite nicht. Ebensowenig, worin der Unterschied zwischen linken und kommunistischen Gruppen lag. Am 29. Juli 1944 ordnete der Kommandant der Festung Kreta eine Tagung für alle führenden griechischen Persönlichkeiten an, darunter auch die Bischöfe. Es ging darum, alle „ordnungsliebenden Kreter" zur Mitarbeit an der Bekämpfung des Kommunismus zu gewinnen. Als Ergebnis der Tagung wurde unter Punkt 3 festgehalten: „Die Geistlichen werden keine Gelegenheit versäumen, um zum Kampf gegen den Kommunismus beizutragen."

Bekanntlich war das kretische Volk im Kampf gegen jegliche Besatzer nie vom Klerus getrennt. Im Gegenteil: Die Priester und Mönche waren dabei oft die treibende Kraft, insbesondere gegen die Türken. Diese in langen Jahrhunderten gewachsene Solidarität läßt es bis zum heutigen Tag kaum zu, einen Keil zwischen Volk und Klerus zu treiben. Nicht nur zur Zeit der Türken, sondern auch noch unter der deutscher Besatzung waren die Klöster ein Hort des Widerstandes, zumindest aber ein Refugium für Verfolgte, für Griechen wie für Engländer. Die deutschen Besatzer unterzogen einige Klöster brutalen Strafmaßnahmen. Manche Äbte, wie zum Beispiel die der Klöster Arkadi und Epanosifi, wurden kurzerhand abgesetzt.

Es ist sicher nicht auszuschließen, daß sich auch einige Geistliche von den Deutschen zur Kollaboration instrumentalisieren ließen. Sie aber zum alleinigen Maßstab zu machen, wäre eine Verfälschung der Geschichte und des historischen Beitrags des orthodoxen Klerus im kretischen Befreiungskampf.

Die Wahrheit

die driftenden kontinente
verschieben
kretas grund
unbeirrt
die wahrheit aber
wird in der tanzstunde des todes
bei lebendigem leib
her- und hingerichtet
die freiheit indes
baumelt
in blattlosen lorbeerkronen
schwelt
schattenlosem licht
entgegen
unsterblich
vielleicht

Kriegs-Erklärung?

Stuttgart, September 2001

Wer vermag wem den Krieg zu „erklären"? Sein Feuer ver-
brennt nicht nur Dörfer, Städte und Menschen. Es erhitzt
die Gemüter, so daß die Seelen verglühen. Moral und
Menschlichkeit verdampfen. Auch die Gabe der Vernunft.
Hirnverbrannt, wer in der Asche nach Spuren eines gerech-
ten Krieges sucht. „Kriegsrecht" – welch ein Wortbastard.
Willst du dem Feuer sagen, wie sehr es brennen soll und
dem Raubtier Moralpredigten halten?

Unteilbare Wahrheit

Die ganze Wahrheit über das Kriegsgeschehen auf Kreta wird
noch schwerer zu entschlüsseln sein als der Diskos von
Festos.

Es gibt zu viele Opfer. Es gibt sehr viele Täter. Es gibt
Zeugen, auch Denunzianten. Es gibt Chronisten und Richter, Leugner, Verharmloser und Übertreiber. Es gibt Schuldige und Unschuldige, aber auch Heuchler und selbster-
nannte Büßer. Die Wahrheit ist unteilbar. Aber im Krieg
wurde sie doch in tausend Stücke zerschlagen. Wahrheit ist
nicht nur das erste Opfer im Krieg, sondern meist auch das
letzte. Sie bedingungslos wieder zusammenzufügen, bleibt
eine anhaltende Aufgabe,

Der Kreter Nikos Kazantzakis schreibt in einem Brief an
einen Freund: „Wir dürfen keinen Augenblick vorüberzie-
hen lassen, ohne zu bedenken, daß wir morgen sterben, und
daß, je mehr wir tugendhafte Haltung, Uneigennützigkeit und
Kampfbereitschaft absinken lassen, wir die dunklen Mächte
umsomehr in Zorn versetzen – Menschen und Geister –, so
daß sich alle zusammen verschwören, um unsere Augen mit
Erde zu füllen, damit wir ihre Schandtaten nicht sehen."

Zeittafel

1940

28. Oktober	Einmarsch der Italiener in Griechenland
29. Oktober	Rückzug der Engländer vom Festland nach Kreta

1941

April	Flucht der griechischen Regierung mit König Georg II. nach Kreta
25. April	Hitler befiehlt den Angriff auf Kreta unter dem Operationsdecknamen „Merkur"
20. Mai	Beginn der Schlacht um Kreta
25. Mai	Bombardierung und Zerstörung von Chania
27. Mai	Einnahme von Chania
27. Mai	Einnahme von Rethymnon
28. Mai	Italienische Besetzung des Ostens Kretas
29. Mai	Einnahme von Iraklion
31. Mai	Weitergabe von Görings Befehl „Vergeltungsmaßnahmen" gegen die Zivilbevölkerung durch General Student
02. Juni	Schwur der Freiheitskämpfer um Bandouvas
03. Juni	Zerstörung des Dorfes Kandanos, Erschießung von 300 Dorfbewohnern
14. Juni	Gründung der Andartengruppe AEAK (Kretisches Oberstes Kampfkomitee)
Juni	Skines dem Erdboden gleichgemacht, 114 Personen erschossen
26. Juni	Arbeitsverpflichtung aller Kreter im Bedarfsfall

01. August	Erschießung von 108 Geiseln in Alikianos
21. September	Gründung von EDES (National Republikanischer Verband)
27. September	Bekanntgabe der Gründung von EAM (Nationale Befreiungsfront)
25. November	Verbot von Vereinen, Organisationen und Versammlungen
Winter	Schwere Hungersnot in ganz Griechenland

1942

Februar	Gründung der ELAS (Militärischer Arm der EAM)
1942	Gründung der EKKA (Nationale und soziale Befreiung)
04. Juni	Verbot des Abhörens deutschfeindlicher Radiosender, Anordnung zur Ablieferung von Rundfunkgeräten
Juni	Verbot von Trauerfeiern für hingerichtete Kreter
Oktober	Gründung der EOK (Nationale Organisation Kretas)
03. November	Befehl des Kommandanten der Festung Kreta: „Die Truppe ist bewußt immer wieder zur Härte und Rücksichtslosigkeit zu erziehen. Es wird dadurch nur deutsches Soldatenblut gespart."
30. November	Polizeiliche Meldepflicht bei Übernachtungen außerhalb des Wohnorts

1942/43   Zwangsarbeit für die Hälfte der Landbevölkerung

1943

Februar	Truppenstärke der Deutschen auf Kreta: 42 000 Deutsche und 32 000 Italiener
19. März	Todesstrafe für Zugehörigkeit zu kommunistischen Organisationen
12. Juli	Befehl an Grenadier-Regiment 16: „Jedes Dorf, das Widerstand leistet, ist abzubrennen."
12./13. September	Zerstörung der Orte Kato-Symi, Pevki und Ano-Viannos, Erschießung von 440 Griechen
21. September	Todesstrafe für Reifendiebstähle aus deutschen Wehrmachtsbeständen
29. September	Zerstörung der Dörfer Koustojerako, Livadas und Moni

1944

15. März	Registrierpflicht für alle Autoreifen
11. August	Befehl des Kommandanten der Festung Kreta: „Griechische Fahrzeuge sind am Anfang der Kolonnen einzuteilen, um eigenen Minenverlusten vorzubeugen."
11. August	Meldung des Kommandanten der Festung Kreta: „Gegenmaßnahmen in Form von Bandenbekämpfung und Dörferzerstörung, auch durch Artilleriebeschuß, im Gange."
14. August	Anordnung des Festungskommandanten: „Als weitere Maßnahme kommt in Frage, Dörfer mit besonders feindseliger Bevölkerung völlig zu evakuieren und dem Erdboden gleichzumachen."

23. August	Befehl des Kommandanten der Festung Kreta „Bandenjagd: Stichwort ‚Rattenfänger'"
21.-29. August	„Abschiedsfest – Sommernachtstraum": Zerstörung von 13 Dörfern und Hinrichtung von „rund 500 Banditen und Banditenhelfern".

1945

9. Mai	Unterzeichnung der bedingungslosen Kapitulation der Deutschen in Iraklion

1946

9. Dezember	Verurteilung der Festungskommandanten General Bräuer und General Müller durch ein Athener Sondergericht zum Tode

1947

20. Mai	Hinrichtung der Festungskommandanten General Bräuer und General Müller in Chaidari bei Athen

Literatur

Apostolakis, Stamatis: Die Schlacht um Kreta im Volkslied der Insel. (griech.) Chania 1991.

Berberich, Florian: Die Schlacht um Kreta vom 20. Mai bis 1. Juni 1941. In: Kreta – Kleiner kultur- und militärgeschichtlicher Wegweiser. Freiburg 1989.

Domarus, M. (Hg.): Adolf Hitler, Reden und Proklamationen. Würzburg 1963.

Fest, Joachim: Der tanzende Tod. Lübeck 1986.

Fink, Feri: Der Komet auf Kreta – Die drei Tage des Sturmregiments. Ettlingen 1993.

Fleischer, Hagen: Im Kreuzschatten der Mächte. Griechenland 1941-1944 (I+II). In: Studien zur Geschichte Osteuropas Bd.2, Frankfurt a. M. 1986.

Giebler, Richter, Stupperich (Hrsg.): Versöhnung ohne Wahrheit? Beiträge einer Akademietagung in Bad Boll, PELEUS Bd. 8. Mannheim und Möhnesee 2001.

Hönig, Klaus: Die Hochzeit in den Weissen Bergen – Geschichte aus Kreta. Köln 2000.

Ilsemann, Christian: Ein Leben mit Freund und Feind. Rossdorf 1983.

Kästner, Erhart: Griechenland. Ein Buch aus dem Kriege. Berlin 1943.

Kaloudis, Pantelis: Sprung über Kreta Mai 1941. Leoni 1981.

MacNeil Doren, David: Wind auf Kreta. Athen 1993.

Malefakis, Evtichios: Vor der Hinrichtung. (griech.) Chania 1981.

Meyer, H. F.: Kommeno – Erzählende Rekonstruktion eines Wehrmachtsverbrechens in Griechenland. Köln 1999.

Müller, Günther: Sprung über Kreta – Ein Bild- und Kampfbericht. Oldenburg 1944.

Nika, Franzeska: Kalavrita 1943 – Augenzeugenbericht. Köln 1999.

Raeck, Karina: ANDARTIS – Monument für den Frieden. Berlin 1995.

Richter, Heinz: Griechenland zwischen Revolution und Konterrevolution (1936-1946). Frankfurt a. M. 1973.

Scherhammer, Thomas S.: Der griechische Widerstand 1941-1944. Diplomarbeit Wien 1994.

Stefan, Alexandra Marianne: Deutsche Kriegsverbrechen auf Kreta 1941-1945. Diplomarbeit Wien 1999.

Vrba, Leopold: Kreta – Invasion auf Flügeln. Rastatt 1985.

Xylander, Marlen von: Die deutsche Besatzungsherrschaft auf Kreta 1941-1944. Freiburg 1989.

Zentrale Stelle der Landesjustizverwaltungen (Hrsg.): Geisel- und Partisanentötungen im Zweiten Weltkrieg. Ludwigsburg 1968.

Quellen

I. Akten / Archivalien

1. aus dem Bundesarchiv – Militärarchiv Freiburg:
   - RW 40 / 168
   - RW 40 / 169
   - RW 40 / 170
   - RW 40 / 199
   - RW 40 / 200
   - RW 40 / 201
   - RW 40 / 212
2. aus dem Bundesarchiv, Außenstelle Ludwigsburg (Zentrale Stelle der Landesjustizverwaltungen)
   - V 508 AR 186/61
   - V 508 AR 371/66
   - V 508 AR 631/64
   - V 508 AR 1410/68
   - V 508 AR 1452/67
   - V 508 AR 2013/67
   - Dokumente Griechenland 398
3. aus dem Museum Georgoulakis in Asomatos/Kreta

II. Interviews

1. mit griechischen und deutschen Zeitzeugen
2. mit griechischen und deutschen Fachleuten

Die unterschiedliche Schreibweise von griechischen Orts- und Personennamen wurde bewußt beibehalten, um die nicht selten daraus resultierenden Mißverständnisse nachvollziehbar zu machen. Zum Beispiel der Ortsname Viannos: Er wird sowohl mit V als auch mit W geschrieben. Oft aber auch mit B, das im Griechischen wie V oder W ausgesprochen wird.

Reihe Sedones

Ein Schwerpunkt des Verlages Dr. Thomas Balistier ist die 1998 eröffnete *Reihe Sedones*. Hier werden spannende und unterhaltsame Themen für den an der Kultur und Geschichte Kretas interessierten Urlauber informativ und kurzweilig behandelt.

Sedones 1
Thomas Balistier:
Der Diskos von Phaistos
Zur Geschichte eines Rätsels
& den Versuchen seiner Auflösung
120 Seiten, Abbildungen und Fotos
ISBN 978-3-9806168-1-2

„Ein Muß für jeden ausgrabungsbegeisterten Kreta-Urlauber, ein Buch, das Lust darauf macht, sich den Diskos mit seiner ‚erhabenen Schönheit und faszinierenden Ausstrahlung' im Museum von Heraklion selbst anzuschauen." (SÜDWEST PRESSE)

„Kompetent und fundiert dokumentiert Thomas Balistier in seinem 120 Seiten umfassenden Büchlein die Geschichte des Rätsels und die Versuche seitens der Wissenschaft, dieses zu lösen." (Salzburger Woche)

Sedones 2
Thomas Balistier:
Kretischer Raki – Raki-Kultur
Kreta und sein Nationalgetränk
Eine Einführung
75 Seiten, Abbildungen und Fotos
ISBN 978-3-9806168-2-9

„In seinem Raki-Buch bleibt Balistier als Volkskundler ganz in seinem Metier, ohne daß dabei einfach eine trockene wissenschaftliche Abhandlung herausgekommen wäre … eine gute soziokulturelle Einführung in ein Produkt, dessen Bedeutung für Kreta etwa derjenigen des Bieres für Bayern gleichkommt." (Athener Zeitung)

Sedones 3
Franz Wilhelm Sieber
Kreta 1817
Ein historischer Reisebericht
107 Seiten
Abbildungen
ISBN 978-3-9806168-3-6

„Mit Siebers Reisebericht ist dem
Balistier-Verlag eine besondere Ent-
deckung gelungen, denn das Buch
war nach seiner Publikation schnell
in Vergessenheit geraten. Was den
Kenner der größten griechischen Insel an den Beschreibungen Siebers
vielleicht am meisten beeindruckt, ist die Wiedererkennbarkeit
vieler Orte der Insel, aber auch des besonderen Charakters der
Kreter, der sich nur wenig geändert haben mag. Die anschauli-
che, lebendige Sprache und die Vorurteilslosigkeit des Verfas-
sers tun das ihrige, um diesen Bericht zu einem besonderen
Lesevergnügen zu machen. (Athener Zeitung)

Sedones 4
Ulrich Kadelbach:
Weihrauch und Ziegenkäse.
*Syn*kret*ist*ische Geschichten
96 Seiten
ISBN 978-3-9806168-4-3

„Ulrich Kadelbachs 44 Synkretistische Geschichten sind allesamt dicht
spannend, humorvoll und mit Herz-
blut geschrieben.“
(Deutsches Pfarrer Blatt)

„Liebeserklärung an Kreta. ‚Weihrauch und Ziegenkäse‘ mit dem Un-
tertitel ‚Synkretistische Geschichten‘ offenbart den feinsinni-
gen Beobachter, den profunden Kenner der Geschichte und
den Liebhaber der ägäischen Sonne auf der Insel, die ohne
Übertreibung die ‚Wiege Europas‘ genannt werden kann. Ein
Buch nicht nur für Ägäis-Fans, ein ernster wie amüsanter Aus-
flug zu den Ursprüngen unserer Kultur. Ein Stück Geschichts-
unterricht ist Kadelbachs Buch, aber ohne Klassenarbeit und
moralinsaurem Zeigefinger, eher eine Anleitung zum Nach-
denken und Lächeln.“ (Heidenheimer Zeitung)

Sedones 6
Pavlos Tzermias:
Kreta von Knossos bis Kazantzakis
Wanderung durch eine faszinierende
Kultur
149 Seiten
ISBN 978-3-9806168-6-7

„Mit sympathischer Bescheidenheit
wehrt sich der ‚eingezürcherte‘ Kreter Pavlos Tzermias im Vorwort dagegen, sein neuestes Buch als ‚Kulturge-
schichte Kretas‘ zu werten. Es handle
sich ‚nur um ein paar Beispiele‘ für
den kulturellen Beitrag der Insel. Tat-
sächlich stellt ‚Kreta von Knossos bis Kazantzakis. Wanderung
durch eine faszinierende Kultur‘ trotz seines relativ schmalen
Umfangs etwas vom Spannendsten dar, das je über Kreta und
seine geistige Ausstrahlung geschrieben worden ist.“
(Glaube in der 2. Welt, Forum für Religion und Gesellschaft in
Ost und West, März 2003)

Sedones 7
Arn Strohmeyer:
Dichter im Waffenrock
Erhart Kästner in Griechenland und
auf Kreta 1941 bis 1945
131 Seiten
ISBN 978-3-937108-07-0

Der Schriftsteller Erhart Kästner
(1907-1974) ist bei Griechenland-
Liebhabern noch heute äußerst po-
pulär. In Rezensionen seines Werkes
wird er als „Philhellene“ und „Humanist“ beschrieben.
Kästner trat 1939 der NSDAP bei und
meldete sich freiwillig zur Wehrmacht. 1941 erhielt er auf eigenen Wunsch von der deutschen Militärführung in Athen den
Auftrag, Griechenlandbücher für die Soldaten zu schreiben. So
entstanden die Werke Griechenland und Kreta. Abgesehen von
„braunen“ und rassistischen Passagen verwundert an diesen Tex-
ten vor allem, wie hier ein deutscher Bildungsbürger im Waffenrock der Wehrmacht durch das von Hitlers Truppen verheerte
Hellas zieht, von all dem Morden und den Zerstörungen schein-
bar nichts mitbekommt und das Land mit seinen antiken Stätten

in philhellenischer Begeisterung als Idylle des Friedens und der Schönheit schildert. Auch nach 1945 fand Kästner kein Wort des Bedauerns, kein Wort der Trauer über das unermessliche Leid, das die deutschen Besatzer den Griechen zugefügt haben.

Erhart Kästner: ein Philhellene und Humanist? Arn Strohmeyer geht dem Phänomen nach, wie dieser Autor während des 2. Weltkriegs „sein" ideales Griechenland suchen und dabei die brutale Realität des Krieges so gut wie ausblenden konnte.

Sedones 8
Ulrich Kadelbach:
Mit Kazantzakis auf den Athos
Kretische Spuren
138 Seiten
ISBN 978-3-937108-08-7

Ulrich Kadelbach
Mit Kazantzakis
auf den Athos

Kretische Spuren

Sedones 8

Der heilige Berg Athos ist altehrwürdiges Urgestein und ewiges Neuland. Die Zeit scheint hier stillzustehen, der Geist aber kommt in Schwung. Der Blick nach innen entdeckt viele neue Wege: Legenden, Stundengebete, Wunder, Meditation, Verklärung, Heilige, Himmel und Hölle, Askese, Trance und Spiritualität. Auch Neugier und Scheu, Ehrfurcht und Skepsis sind dabei.

Der Kreter Nikos Kazantzakis ist mein literarischer Begleiter auf den Athos. Er nimmt mich mit auf seine Reise ins Innere der Seele, in den Himmel neuer Gedanken, hinaus in die Welten des Geistes, aber auch hinab in die Abgründe menschlicher Schrecken. Heldensagen und Heiligenlegende sind für ihn aus demselben Stoff menschlichen Strebens.

Ulrich Kadelbach webt aus seinen Reiseerinnerungen, aus Kazantzakis-Zitaten und Athos-Legenden eine wundervolle Textcollage über den heiligen Berg und kretische Spuren dorthin.

Bestellung im Buchhandel oder direkt beim Verlag.

Verlag Dr. Thomas Balistier

Egartstr. 19, D-72127 Mähringen
Tel.: 07071/368018 • Fax: 07071/368018
www.kreta-buch.de